やりくり上手なフランス流は自慢のひと皿＋かんたん２皿の３皿で

おもてなしは一品豪華主義でいい

サルボ恭子

誠文堂新光社

はじめに

自慢のひと皿と
かんたん2皿で、
気軽に
集まりませんか？

家に友人や仲間を招いてご飯を食べるのが好きです。
お店に行くよりもみんながリラックスできて話も弾みます。
ゲストに作った料理を喜んでもらえたら、こんなにうれしいことはありません。
でも、もちろん自分だって楽しみたい。
だから私は、おもてなしは「一品豪華」と決めました。
そして、メイン料理を引き立てるような、
サラダやマリネなどなるべく火を使わない簡単な2品を組み合わせる。

つまり、作るのは3品。
これだけです。

こう決めてしまえば、何を作ろうか？ 何を合わせようか？ と
あまり悩まなくてすみます。

しかも、一品豪華といっても、オーブンで焼くだけ、
鍋で煮るだけ、フライパンで焼くだけ

……といった簡単なものばかり。簡単な料理の中でも、

自分が作り慣れた料理でもてなすのが一番だと思っています。

そして、作り慣れている料理の中に "華やぎ" を少し。
彩りのいい野菜だったり、フルーツだったり。
スパイスやハーブでアクセントを加えるのもおすすめの方法。
それだけでシャレて見えるものです。
おなじみの素材なら切り方を少し工夫するのもいいですね。
ただし奇をてらいすぎる料理、食べにくい料理は、
食べ手のストレスにもなりかねませんので、いろいろやりすぎませんように。

頑張りすぎず自分らしい自慢のひと皿を中心とした3品で、
気軽に集まれる時間を持ちませんか？
きっと、もてなす側ももてなされる側も皆が楽しく、
おいしい週末のひとときとなることでしょう。

サルボ恭子

おもてなしのコツ

作り慣れたもので、もてなそう

おもてなしというと、ついつい頑張りすぎてしまいがち。
一度も作ったことがない料理に
いきなりチャレンジして失敗……なんて話もよく聞きます。
それよりも、自分の得意料理や作り慣れたもので
もてなしたほうが確実です。
ただ、普段よりも素材にこだわってみる、
ソースに少し凝ってみるなど、
ちょっとだけごちそうを意識すると、
それだけでいつもの料理が豪華になりますよ。

サブ料理は「混ぜるだけ」の2品を基本に

毎日の献立同様、メイン料理よりも
サブ料理に悩むことが多いのではないでしょうか。
そこで提案です！
メイン料理がオーブン、鍋、フライパンで作る料理なら、
残りの2品はコンロを使わない、
混ぜるだけ、あえるだけの料理と決めてしまいましょう。
そうすると、温かいもの＋冷たいものとなって
味わいや食感に自然に変化がつき、
献立としてのバランスがよくなります。
何より、段取りよく作れます。

「ちょっとした驚き」が あるといい

例えば、仕上げに何かをすりおろす場合はテーブル上で！
というのも私がおもてなしのときによく使う手法です。
チーズやマッシュルームなどを目の前ですりおろすと
ふわ〜っと香り、その演出で場が盛り上がります。
おなじみの食材に
フルーツやナッツなどを組み合わせるのもいいですね。
「こんな組み合わせがあったの？」
「これ、何が入っているの？」という疑問は会話を弾ませ、
新鮮な味わいは印象深いものとなります。

「準備しておける」料理を組み合わせる

何もかも一度に作ろうとすると、
気持ちが焦ってしまいます。
そうならないためにも、
1〜2品は準備しておけるものにしましょう。
「準備しておける」料理とは、
マリネのように完成させて保存できる
「作りおきOK」のものや、
途中まで仕込んでおけるもののこと。
サラダなども、野菜とドレッシングを別々に準備しておけば、
ゲストが来てから手早く仕上げられます。
完成させて保存できる「作りおきOK」の料理には
マークをつけたので参考にしてください。

CONTENTS

- 4 　はじめに
- 6 　おもてなしのコツ

PART 1
オーブンで焼くだけ1品
＋サブ料理2品

16　スパイシーローストポーク
　　じゃがいものナッツあえ
　　マンゴーとサラミソースの
　　　レタスサラダ

20　鶏もも肉と豆のカスレ風
　　ズッキーニのカルパッチョ
　　なすのヨーグルトミントマリネ

24　サーモングリル
　　　ブルーベリータイムソース
　　ブロッコリーグリル クミン風味
　　にんじんとぶどうのサラダ

28　魚の包み焼き エスニック風
　　グリル野菜と春菊のサラダ
　　たこのカルパッチョ
　　　サラミ白ごまソース

32　パテ・ド・カンパーニュ
　　紫玉ねぎとオレンジのオーブン焼き
　　　バルサミコ酢マリネ
　　栗の香りのかぼちゃのポタージュ

PART 2
鍋で煮るだけ1品
＋サブ料理2品

42　鶏肉と野菜のクリーム煮
　　ケールとグレープフルーツの
　　　マスタードドレッシング
　　パプリカとオリーブのトマトマリネ

46　シュークルート風煮込み
　　かぶと白ぶどうとブルーチーズの
　　　サラダ
　　ゆで卵のツナソース

50　魚介のスープ
　　きゅうりとパイナップルのサラダ
　　ゆで雑穀とソーセージの
　　　粒マスタードマリネ

PART 3
フライパンで焼くだけ1品
＋サブ料理2品

60　豚フィレ肉ソテー
　　　りんごと玉ねぎの白ワインソース
　　豆とセロリの明太子マリネ
　　カマンベールとくるみ、クレソンの
　　　ハニービネガーソース

64　白身魚のムニエル
　　　パルミジャーノとあんずのソース
　　ホットアンチョビーソースの野菜、
　　　パン添え
　　アスパラガスとコーンのカレーマリネ

68　えびときのこのパエリア風
　　生がきのサルサソースマリネ
　　柿とカリフラワーの
　　　ヨーグルトマスタードサラダ

PART 4
ひとつの生地だけで作る1品
+サブ料理2品

78 基本の生地の作り方

80 ベーコンとブルーチーズのキッシュ
きのことズッキーニの
　バルサミコ酢あえ
フルーツパフェ

84 ミートキッシュ
ピーマンとチーズのグリーンサラダ
アボカドとキウイのヨーグルトソルベ

88 2つの味のタルトフランベ
トマトといちごのサラダ
コーンスープ

PART 5
あえるだけ、混ぜるだけのオードブル3品

98 キヌアサラダ
カリフラワーのジェノバ風
半熟卵のカレーアーモンド

102 まぐろのカルパッチョ
モッツァレラとカラフルトマトの
　オレンジマリネ
きゅうりと梨のアボカドサラダ

106 ビーツの冷製スープ
きのことチーズのパングラタン
桃とルッコラ、生ハムサラダ

エスニックフレンチ
114　レバノン風なすの冷製
116　2つのフムス
118　野菜のタジン

自慢のデザート
120　ビッグプリン
122　チーズケーキ
124　バイオレットケーキ

126　材料別 INDEX

Column
36　1・おいしいチーズがあれば
54　2・ディップを作ろう
72　3・タルティーヌ タルティーヌ! タルティーヌ!!
92　4・大きなグラタンを焼こう
110　5・春巻きを揚げよう

この本の使い方
- 前日に完成させて保存しておく料理には、「作りおきOK」のマークがついています。
- 分量は特に記載のない限り、3〜4人分です。
- 小さじ1＝5㎖、大さじ1＝15㎖、1カップ＝200㎖です。
- 塩はフランス・ブルターニュ地方ゲランドの顆粒塩を使用しています。塩味がまろやかでミネラル感豊富な塩です。ほかの塩で代用する場合は、量を少し減らしてください。
- オリーブ油はエキストラバージンオリーブオイルを使用しています。
- レシピ上、野菜の「洗う」「皮をむく」などの通常の下ごしらえは省略してあります。特に指示のない限り、その作業をしてから調理してください。
- 火加減は特に指示のない限り、中火です。
- 電子レンジは600Wのものを使用したときの加熱時間の目安です。500Wの場合は加熱時間を1.2倍にしてください。
- オーブンの焼き時間、温度はあくまで目安です。お使いのオーブンに合わせて調整してください。

PART 1 オーブンで焼くだけ 1品 ＋サブ料理 2 品

オーブン料理は、セットしてしまえば手が離れ、見栄えもする、おもてなしにぴったりの調理法です。メイン料理を焼くとき天板に隙間があったら、サブ料理の野菜を一緒に焼けば一石二鳥。もうひとつを生野菜の料理にすれば、味わいにも変化がつきます。

おもてなしにはかたまり肉でしょ！ ということで、たれにひと晩漬けておいたら後はオーブンで焼くだけのローストポークを用意。焼いている間中、スパイシーな香りがキッチンを包み込みます。さらに盛り上げるのは、わが家の人気メニュー2品。実はこの3品、豚肉とじゃがいも、豚肉とマンゴー、というようにそれぞれ一緒に食すとさらにおいしい、抜群の食べ合わせでもあります。

オーブンmenu

《a》 スパイシーローストポーク
《b》 じゃがいものナッツあえ
《c》 マンゴーとサラミソースのレタスサラダ

難しいことはいっさいなし。ただし、
「焼いた時間だけ肉を休ませる」のがお約束。

《a》スパイシー ローストポーク

◎ 材料
豚肩ロース肉(ブロック)……800g
A
　五香粉、おろしにんにく、おろししょうが、
　　サラダ油……各大さじ1½
　塩……約大さじ½(8g・肉の重量の1%)
　こしょう……適量

◎ 作り方
1　ポリ袋に豚肉、Aを入れ、袋の外側からよくもみ込む。空気を抜いて口を縛り、冷蔵庫にひと晩おく。
2　1を冷蔵庫から出して1時間ほど室温に戻す。オーブンの天板にオーブンペーパーを敷き、豚肉を袋から出してのせ、200℃に予熱したオーブンに入れて45分焼く(天板の隙間に「じゃがいものナッツあえ」のじゃがいもをオーブンペーパーごとのせ、30分焼いて取り出す)。
3　豚肉を取り出してアルミホイルに包み、45分〜1時間休ませて肉汁を落ち着かせ、2cm幅に切り分ける。豚肉が500gの場合は、200℃で30分焼き、アルミホイルに包んで30分休ませる。

◎◎◎豚肉は直径が小さめで長いものがおすすめ。厚みがあると火が通るのに時間がかかり、焼き上がると小さく感じるだけでなく、切り分けにくい。赤身と脂のバランスがいいものを選んで。

ホクホクのじゃがいもとカリカリのナッツ。
そこにチーズが香るからもっとおいしくなる。

《b》じゃがいものナッツあえ

◎材料
じゃがいも……6個
オリーブ油……大さじ1½
ミックスナッツ（ロースト）……100g
A
　パルミジャーノ・レッジャーノ（ブロック・すりおろす）
　　……大さじ3
　パセリ（みじん切り）……1本
　塩……小さじ¼
　こしょう……適量

◎作り方
1　じゃがいもは4等分に切り、オーブンペーパーを敷いた天板にのせ、オリーブ油を回しかける。
2　ポリ袋にミックスナッツを入れ、袋の上からめん棒などで粗みじん程度の大きさに砕く。
3　200℃に予熱したオーブンに1を入れて30分焼く。熱いうちにボウルに移し、2、Aとあえる。

果肉がやわらかくて濃厚な甘味を持つマンゴーと、
脂とうまみのあるサラミのドレッシングが決め手。

《c》マンゴーとサラミソースのレタスサラダ

◎材料
レタス……1個
香菜……小2本

ドレッシング
　マンゴー……½個（正味100g）
　サラミ（スライス）……25g
　塩……小さじ¼
　レモン汁……大さじ1
　オリーブ油……大さじ2

◎作り方
1　レタスは芯をくり抜き、縦8等分のくし形切りにする。さっと水に通して一度振り、ざるに逆さにおいて水気をきりながら食べる直前まで冷蔵庫で冷やす。
2　マンゴーは皮と種を取り除き、5mm角に切る。サラミは2cm幅に細長く切る。香菜は、茎は小口切り、葉は1cm幅に切る。
3　ボウルにドレッシングの調味料を入れてよく混ぜ、マンゴー、サラミを加える。
4　器に1を盛り、香菜を散らし、3を混ぜながらかける。

◎3品の段取り

aの豚肉に味をからめる（前日）→ゲストが来る2時間半〜2時間45分前にaの豚肉を室温に戻す→aの豚肉、bのじゃがいもをオーブンで焼く→bのじゃがいもをあえる→cのサラダを作る

オーブン menu

《a》鶏もも肉と豆のカスレ風
《b》ズッキーニのカルパッチョ
《c》なすのヨーグルトミントマリネ

フランスのラングドック地方の郷土料理・カスレは、ホクホクの豆が肉のうまみを吸い込んだ素朴な料理。本格的に作ろうとするととても時間がかかるので、豆に肉をのせて焼くだけのとっても簡単な方法にしました。サブ料理には、さわやかな味わいの野菜のおかず2品。どちらも「何が入っているの？」とちょっとワクワクする組み合わせ。

◎ 3品の段取り

aの鶏肉に塩をまぶし、冷蔵庫に1時間からひと晩おく（前日にしておくとラク）→ cのなすを塩水に浸け、1～2時間おく → aのカスレを焼く → bのズッキーニをむき、仕上げ → cのマリネの仕上げ

ポイントは鶏肉の上半分がソースから出ている状態で焼くこと。これで鶏肉の上側がカリッ！

《a》鶏もも肉と豆のカスレ風

◎ 材料
鶏骨つきもも肉（ぶつ切り）……2本(700g)
ゆで白いんげん豆（パウチパック）……2パック(760g)
玉ねぎ（みじん切り）……½個
セロリ（みじん切り・葉も含めた上のほう）……½本
にんじん（みじん切り）……⅓本
塩……小さじ1
トマトペースト（6倍濃縮）……2パック(30g)
ローリエ……1枚

◎ 作り方
1　鶏肉はポリ袋に入れ、塩を加えてよくすり込み、1時間～ひと晩おく（ひと晩おく場合は冷蔵庫へ）。
2　白いんげん豆はざるに上げ、豆と缶汁に分ける。耐熱容器に豆を入れ、野菜、トマトペースト、豆の缶汁を具材がかぶるくらいまで加え、軽く混ぜる。
3　1の鶏肉から出てきた水分をペーパータオルで拭き、2に皮目を上にして間隔をあけて並べ、ローリエをのせる。
4　220℃に予熱したオーブンに入れ、25分ほど焼く。煮汁の味を見て塩（分量外）で調味する。

いちごジャムのフルーティさと甘味がアクセント。
甘さが勝ちすぎないよう、レモンをしっかり搾る。

《b》ズッキーニの
　　カルパッチョ

◎ 材料
ズッキーニ……2本
塩……小さじ¼
レモン汁……大さじ1
カッテージチーズ……80g
いちごジャム……30g

◎ 作り方
1　ズッキーニは長さを半分に切り、ピーラーで細長くむく。最後は包丁で薄切りにする。
2　1をボウルに入れて塩を振り、しんなりしたらレモン汁を加えて混ぜる。
3　器に盛り、カッテージチーズをところどころにおき、チーズに添えるようにいちごジャムをのせる。

鮭フレークをヨーグルトに忍ばせるのが、
ワクワクのもと。

《c》なすの
　　ヨーグルトミントマリネ

◎ 材料
なす……3本
塩……大さじ1
A
　ギリシャヨーグルト*……180g
　おろしにんにく……小さじ½
　鮭フレーク(市販)……50g
ミントの葉……7〜8枚

＊ギリシャヨーグルトの代わりに、プレーンヨーグルトをひと晩水きりし、半量にして使っても

◎ 作り方
1　なすは2cm幅の乱切りにし、さっと水に浸ける。ボウルに塩と共に入れ、ひたひたの水を加えてペーパータオルをかぶせ、重石をし(ひと回り小さなボウルなどを重ねる)、1〜2時間浸ける。
2　なすが手で軽く絞れるほどになったら浸け終わり。水気をぎゅっと絞り、器に盛る。塩辛いときは、流水でもみ洗いをしてから絞る。
3　ボウルにAとミントの葉を5枚ほどちぎり入れて混ぜ、2にかける。上から残りのミントの葉を散らす。

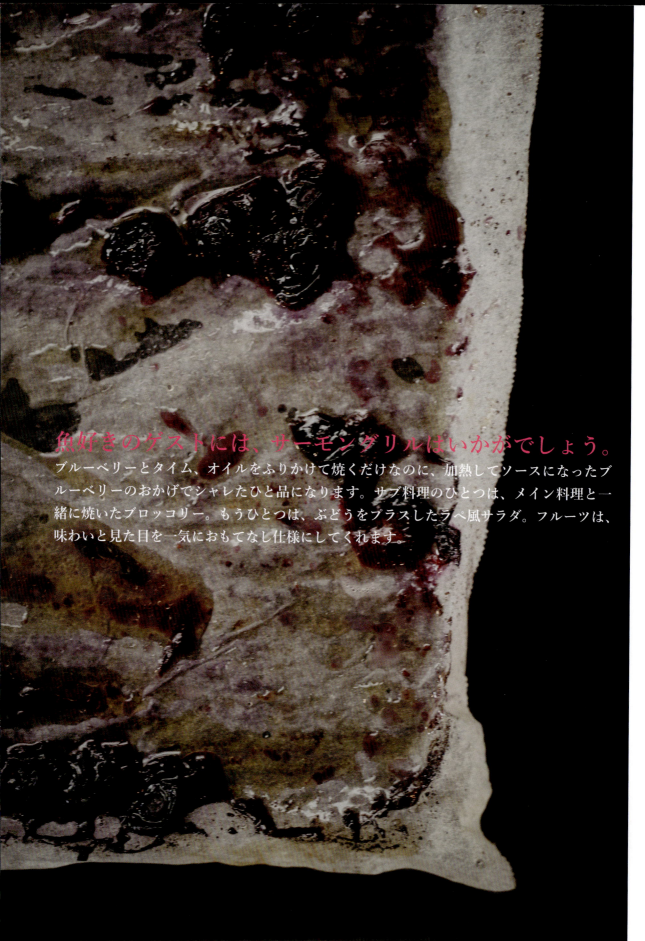

魚好きのゲストには、サーモングリルはいかがでしょう。
ブルーベリーとタイム、オイルをふりかけて焼くだけなのに、加熱してソースになったブルーベリーのおかげでシャレたひと品になります。サブ料理のひとつは、メイン料理と一緒に焼いたブロッコリー。もうひとつは、ぶどうをプラスしたラペ風サラダ。フルーツは、味わいと見た目を一気におもてなし仕様にしてくれます。

オーブン menu

《a》サーモングリル ブルーベリータイムソース
《b》ブロッコリーグリル クミン風味
《c》にんじんとぶどうのサラダ

◎ 3品の段取り

aのサーモンに塩を振る → bのブロッコリーを切る → aのサーモンとbのブロッコリーをオーブンで焼く → cのサラダを作る

火を通し、甘味と酸味、渋味のバランスが
よくなったブルーベリーをソースに。

《a》サーモングリル ブルーベリータイムソース

◎ 材料
サーモン……150gのもの4切れ
塩……小さじ1
こしょう……適量
オリーブ油……大さじ1
タイム……8本
ブルーベリー……80g

◎ 作り方
1　サーモンは身側に塩を振って10分ほどおき、表面に出てきた水分をペーパータオルで拭く。サーモンにこしょうを振り、天板にオーブンペーパーを敷いて皮目を下にして並べる。オリーブ油をかけ、タイムの葉を散らし、ブルーベリーを全体にのせる。
2　220℃に予熱したオーブンに入れ、焼き色がつくまで18分ほど焼き(天板の隙間に「ブロッコリーグリル」のブロッコリーをオーブンペーパーごとのせ、同時間焼く)、器に盛る。
3　オーブンペーパーに残ったブルーベリーと焼き汁を集め、味を見て塩、こしょう(各分量外)で調味し、2のサーモンにかける。

こんがり焼かれた香ばしいブロッコリーに
クミンのスパイシーな香りが食欲をそそる。

《b》ブロッコリーグリル クミン風味

◎ 材料
ブロッコリー……小 2 個(600g)
A
　クミンシード……小さじ 1
　塩……小さじ ¼
　こしょう……適量
　オリーブ油……大さじ 1

◎ 作り方
1　ブロッコリーは大きめの房に分け、縦 5mm 幅に切る。
2　天板にオーブンペーパーを敷いて 1 を並べ、A を全体にかける。220℃に予熱したオーブンに入れ、焼き色がつくまで 18 分ほど焼く。

口の中でぶどうの果汁がはじけるから、
味つけはいたってシンプルに。

《c》にんじんとぶどうの サラダ

◎ 材料
にんじん……2 本
ぶどう(皮ごと食べられる種なし)……20 粒
塩……小さじ ¼
オリーブ油……小さじ 1

◎ 作り方
1　にんじんは粗めのチーズおろしなどで削り(せん切りにしても)、ボウルに入れて塩を振る。
2　ぶどうは縦半分に切る。
3　1 がしんなりしたら、味を見て塩(分量外)で調味し、2、オリーブ油を加えてさっとあえる。

オープン menu

《a》 魚の包み焼き エスニック風
《b》 グリル野菜と春菊のサラダ
《c》 たこのカルパッチョ サラミ白ごまソース

魚の包み焼きは、簡単で失敗のない料理。ポイントといえば、香りが逃げないよう一人分ずつ包んで焼くことぐらい。こうすると、ゲストが包みを開いたときにふわ〜っといい香りが広がるというわけです。サブ料理には、ボリュームをカバーしてくれるタンパク質のおかずと、魚と一緒に焼いたきのこ＆野菜を生の春菊と合わせたサラダを。

包んで焼くと蒸し焼き状態になり、身がふっくら。
魚はあじでもいいし、金目だいやたいなどでも。

《a》魚の包み焼き エスニック風

◎材料

めばる……約130gのもの4尾
香菜……3本
しょうが(薄切り)……12枚
塩……少々
酒……小さじ4
A
　ねぎ(白い部分・斜め細切り)……細2本
　ピーナッツ(粗みじん切り)……大さじ1
　糸唐辛子(長さを3等分)……少々
　ナンプラー(またはしょうゆ)……小さじ1

◎作り方

1　めばるはウロコを取り、ワタを出し、血合いを洗い流してペーパータオルでよく拭く。香菜は、根と茎はみじん切り、葉は1.5cm幅に切る。

2　魚が包めるほどの大きさのオーブンペーパーを4枚用意し、しょうが2枚を敷き、中央にめばるをのせ、しょうが1枚を腹の中に入れる。塩、香菜の根と茎、酒を振り、オーブンペーパーの両端をキャンディ包みにし、天板にのせる。同様に計4つ作る。

3　220℃に予熱したオーブンで15分焼く(天板の隙間に「グリル野菜と春菊のサラダ」の春菊以外の野菜をオーブンペーパーごとのせ、同時間焼く)。

4　3のめばるをオーブンペーパーごと器に盛り、Aをさっとあえて添える(めばるにのせて食べる)。

◎3品の段取り

cのカルパッチョのたこを準備し、冷蔵庫へ → aの包み焼きの魚、bのサラダの野菜を準備し、オーブンで焼く → cのカルパッチョのソースを準備 → aの包み焼きの野菜を準備 → a、b、cそれぞれの仕上げ

生の春菊をおいしく食べるサラダ。
グリル野菜はアクセント＆ボリューム出し。

《b》グリル野菜と春菊の サラダ

◎ 材料
さつまいも……6cm(120g)　塩……小さじ¼
れんこん……6cm(90g)　サラダ油……小さじ1
しいたけ……4個　ごま油……大さじ1
春菊……1½束(200g)

◎ 作り方
1　さつまいもは皮つきのまま、れんこんと共に2mm幅に切り、しいたけは石づきをとって手で縦4等分に割く。春菊は長さを半分に切り、根元のほうは小口切りにする。
2　天板にオーブンペーパーを敷き、1の春菊以外を並べ、塩、サラダ油をかけ、220℃に予熱したオーブンで15分焼く。
3　ボウルに春菊を入れ、2の野菜が熱いうちに加え、ごま油を加えて混ぜ合わせる。味を見て塩(分量外)で調味する。

サラミとすりごま、レモン汁を合わせたソースは、濃厚なのにさっぱり。

《c》たこのカルパッチョ サラミ白ごまソース

◎ 材料
ゆでだこ……2本(180g)
オリーブ油……大さじ1
A
　サラミ(ブロック・粗みじん切り)……50g
　白すりごま……大さじ2½
　レモン汁……大さじ1
　水……大さじ2
イタリアンパセリ……1本

◎ 作り方
1　たこは薄切りにし、器に平らに盛り、オリーブ油をかける。
2　ボウルにAを入れ、よく混ぜ合わせる。
3　1に2をかけ、イタリアンパセリの葉をちぎってのせる。

パテ・ド・カンパーニュは本来前菜ですが、日本人にはボリューム的にもメインとして十分！　申し分ないごちそうです。焼いてから一日おいたほうが熟成されておいしくなるので、前日に仕込んでおけるのもメリット。マリネの野菜も一緒に焼いて漬け込んでおけ、ポタージュも前日作ることが可能。慌てずに作れる献立でもあります。

オーブン menu

《a》パテ・ド・カンパーニュ

《b》紫玉ねぎとオレンジのオーブン焼き バルサミコ酢マリネ

《c》栗の香りのかぼちゃのポタージュ

重石をしないで作るから、ふわっと軽い口当たり。
コク出しのレバー、薄切り肉の食感が入ってこそ。

《a》パテ・ド・カンパーニュ

◎ 材料　8×16×高さ8cmのパウンド型1台分
豚ひき肉（赤身）……180g
鶏レバー……100g
豚こま切れ肉……180g
ベーコン……8枚
A
　玉ねぎ（みじん切り）……½個
　にんにく（みじん切り）……1かけ
　サラダ油……小さじ1
　ローリエ……1枚
B
　卵……1個
　ブランデー（または赤・白ワイン）……大さじ1½
　塩……小さじ½
　こしょう……多め適量

作りおきOK

◎ 作り方

1　耐熱ボウルにAを入れてひと混ぜし、ローリエをのせ、ラップをかけて電子レンジで3分加熱し、そのまま冷ます。レバーは白い筋や脂肪、赤黒い血の塊を取り除きながら包丁でみじん切りにする（フードプロセッサーを使っても）。豚肉はざく切りにする。

2　ボウルに1（ローリエを取り除いて）、豚ひき肉、Bを入れ、ゴムベラで混ぜ合わせる。味見用に少量を取り分け、ラップで包んで電子レンジで20秒ほど加熱して中まで火を通し、味を見て薄いようなら塩少々（分量外）を加えて混ぜる。

3　パウンド型の底に、中央で重なるようにベーコンを敷き詰め、型の両端から垂らし、2を詰める。型を台に軽く打ちつけて空気を抜き、上部をベーコンで覆い、アルミホイルで蓋をする。

4　160℃に予熱したオーブンに入れ、40分焼く（天板の隙間に「マリネ」の紫玉ねぎとオレンジをオーブンペーパーごとのせ、15分焼いて取り出す）。

5　4の中央に金串を刺し、数秒たったら引き抜いて唇の下にあて、熱いようなら取り出す。ぬるいようならさらに2～3分焼く。取り出し、粗熱が取れたら冷蔵庫に入れてひと晩寝かせる。

6　パテの表面についた白く固まった脂や水気をペーパータオルでよく拭き、ナイフを型の周りにくるりと入れて返し、取り出す。1.5cm以上の厚さに切り分けて器に盛り、クレソンやピクルスなどを添える。

オレンジは焼くことでビターさが加わる。
同じく色のきれいな紫玉ねぎとマリネして。

《b》紫玉ねぎとオレンジの オーブン焼き バルサミコ酢マリネ

◎材料
紫玉ねぎ……1½個
オレンジ（ネーブルが食べやすい）……1個
オリーブ油……大さじ1
塩……小さじ¼
バルサミコ酢……大さじ1

◎作り方
1　紫玉ねぎは縦4等分に切る。オレンジは皮とワタを除き、紫玉ねぎの½くらいの大きさに切る。天板にオーブンペーパーを敷いて並べ、オリーブ油をかける。
2　160℃に予熱したオーブンに1を入れ、15分焼く。
3　2をボウルに移し、熱いうちに塩、バルサミコ酢をかけ、全体を混ぜる。冷めたらラップをぴったり貼りつけ、冷蔵庫でひと晩冷やす。

◎3品の段取り

aのパテ・ド・カンパーニュ、bのマリネの野菜を焼く（前日）→ 途中、bのマリネの野菜を取り出してマリネし、冷蔵庫へ（前日）→ aのパテ・ド・カンパーニュが焼けたら取り出し、冷蔵庫で寝かせる（前日）→ cのポタージュを作る（前日に作るとラク）→ aのパテ・ド・カンパーニュの仕上げ

かぼちゃに栗の甘味を足した、極上ポタージュ。
甘栗は、ゲストの前ですりおろす演出も大事。

《c》栗の香りの かぼちゃのポタージュ

◎材料
かぼちゃ……⅙個（正味430g）
水……½カップ
塩……小さじ⅕
牛乳……1½カップ
甘栗……4個

◎作り方
1　耐熱ボウルに種とワタ、皮を除いたかぼちゃ、分量の水を入れ、ラップをかけて電子レンジで10分ほど加熱し、やわらかくする。
2　フードプロセッサーに1、塩を入れて粉砕し、ピュレ状にする。
3　ボウルに2、牛乳を加えてよく混ぜる。味を見て塩（分量外）で調味する（甘さが引き立つくらいに）。電子レンジで温めても。器に盛り、テーブル上で甘栗をたっぷりすりおろす。

Column 1

おいしいチーズがあれば

ときには何も作らず、おいしいチーズをいくつか用意するだけでいい。タイプの違うチーズ3種類。フルーツやジャム、はちみつなど、チーズと一緒に食べたいものを並べ、そこにおいしいワインがあれば！　それだけでも会話が弾みます。ゆっくり語り合いたいときには、こんな感じがいいのかも。

1：白カビチーズ
カマンベールはクセが少なく、とろりとクリーミーでうまみがある。熟成が進むと白カビの風味が強くなる。

2：ハードチーズ
ミモレットは鮮やかなオレンジ色が特徴。濃厚な味わいで、噛み応えがある。熟成が進むと、からすみのような味わいに。

3：ブルーチーズ
三大青カビチーズのひとつ、ロックフォールは、羊乳から作られ、ピリッとした独特の塩辛さと酸味がある。

フルーツは相性バッグン

パンとジャムと一緒に……

はちみつをたら〜り

PART2
鍋で煮るだけ 1品
＋サブ料理 2 品

鍋でコトコト煮る料理は、カラダだけでなく心も温まる料理。素材のうまみが染み出た煮汁やスープは、何にもまさるごちそうです。合わせるサブ料理は、やわらかいメイン料理と対照的に食感があるものにすると、バランスのいい献立になります。

鍋 menu

《a》鶏肉と野菜のクリーム煮
《b》ケールとグレープフルーツのマスタードドレッシング
《c》パプリカとオリーブのトマトマリネ

シチュー風のクリーム煮は、大人も子どもも大好きなメニュー。だしの出る手羽元とあっさりと食べられる胸肉の両方を使うことで、よりごちそう感を出します。鍋ごとテーブルに運び、仕上げのナツメグを卓上で下ろしながら振るパフォーマンスで盛り上がることうけあい。あとは、作っておけるレンジ加熱のラタトゥイユ風と簡単なサラダがあれば十分です。

◎3品の段取り

aのクリーム煮の鶏肉に塩を振り、20分ほどおく → cのトマトマリネを作り、冷蔵庫へ（前日に作っても）→ aのクリーム煮を作る → bのサラダを作る

鶏肉を焼きつけてうまみを閉じ込める。
うまみを煮汁に生かす。この2つでぐんとおいしい。

《a》鶏肉と野菜のクリーム煮

◎材料

鶏胸肉……1枚(380g)	塩……小さじ1
鶏手羽元……8本	サラダ油……大さじ1
玉ねぎ……1個	白ワイン、薄力粉
じゃがいも……小2個	……各大さじ2
にんじん……1本	牛乳……2カップ
マッシュルーム	ローリエ……1枚
……8個	こしょう、ナツメグ……各適量

◎作り方

1　鶏胸肉は一口大に切り、手羽元と合わせて塩を振り、20分ほどおく。出てきた水分をペーパータオルでよく拭く。玉ねぎは1cm角に切り、じゃがいもは1cm幅の輪切り、にんじんは5mm幅の輪切りにする。マッシュルームは石づきを落とす。

2　厚手の鍋にサラダ油を熱し、間隔をあけて1の鶏肉を並べ、中火で焼く。焼き色がついたら返し、全面を焼いて取り出す。一度に入らない場合は数回に分けて焼く。

3　2の鍋底の脂をペーパータオルで吸い取り（鍋についている肉の焦げ＝うまみは取り除かない）、白ワインと玉ねぎを入れて中火で炒める。玉ねぎがしんなりとしたら薄力粉を振り入れ、火を弱めて2～3分炒める。

4　薄力粉が玉ねぎになじんだら牛乳を加え、絶えずかき混ぜながら鍋底についた薄力粉を中火で煮溶かし、煮立ってきたら弱火にしてしばらく煮る。とろみがついたらローリエと2の鶏肉を戻し入れ、蓋をずらしてのせ、ときどき鍋底をかき混ぜながら15分ほど煮る。

5　4にじゃがいも、にんじんを入れて煮て、5分したらマッシュルームを加え、さらに5分ほど煮る。煮汁の味を見て塩（分量外）で調味し、仕上げにこしょう、ナツメグを振る。

マスタードドレッシングはぼってり重いので、
ケールなどのしっかりした葉の野菜が似合う。

《b》ケールと
グレープフルーツの
マスタードドレッシング

◎ 材料
ケール(またはロメインレタス)……大5枚
グレープフルーツ……1個
A
∶ 粒マスタード……大さじ1
∶ オリーブ油……大さじ2

◎ 作り方
1　ケールは一口大にちぎり、冷水にしばらく浸けてパリッとさせ、水気をペーパータオルでよく拭いて冷蔵庫で冷やす。グレープフルーツは包丁で皮と薄皮をむき、果肉をくし形に切り取る。
2　大きめのボウルにケールを入れ、Aをよく混ぜたものを加えてあえ、グレープフルーツを半分にちぎりながら加えてあえる。

煮る代わりにレンジで作る"即席ラタトゥイユ"。
熱々野菜にトマトペーストをからめてなじませる。

《c》パプリカとオリーブの
トマトマリネ

◎ 材料
パプリカ(赤)……2個
パプリカ(黄)……1個
ミックスオリーブ……125g
トマトペースト(6倍濃縮)……2パック(30g)
塩……小さじ½弱
オリーブ油……大さじ1

◎ 作り方
1　パプリカはヘタと種を取り除き、縦4〜6等分に切って1cm幅の斜め切りにする。
2　1を耐熱ボウルに入れ、ラップをかけて電子レンジで8分ほど加熱し、しんなりとさせる。
3　2が熱いうちに残りの材料を加え、あえる。味を見て塩(分量外)で調味する。

鍋 menu

《a》シュークルート風煮込み
《b》かぶと白ぶどうとブルーチーズのサラダ
《c》ゆで卵のツナソース

シュークルートのような、ポトフのような。ソーセージやベーコンのうまみをぷっくりと吸い込んだ野菜をたくさん食べる煮込み料理をメインにした献立です。発酵キャベツを使わない代わりに、食べるときにマスタードの新鮮な酸味をたっぷり添えるのがおいしい食べ方。コトコト煮ている間に作れる、簡単なサラダとゆで卵を極上ソースでいただく2品を用意して。

コツは、ベーコンを分厚く切ることと、
少ない水分で素材のうまみを引き出すこと。

《a》シュークルート風煮込み

◎ 材料
キャベツ……½個
にんじん……小 1½本
玉ねぎ……1個
じゃがいも……小4個
ベーコン(ブロック)……1.5cm幅4枚
ソーセージ(太め)……4本
ローリエ……1枚
水……2カップ
塩……小さじ1
ディジョンマスタード(または粒マスタード)……適量
黒粒こしょう(叩く)……適量

◎ 作り方
1　キャベツは芯に近いところと葉に分け、それぞれ大きめの一口大に切る。にんじんは1本のものは長さを半分、太いものは縦半分に切る。玉ねぎは4等分に切る。じゃがいもは丸ごと、大きいものは半分または4等分に切る。
2　鍋にキャベツの芯に近い部分、にんじん、玉ねぎ、じゃがいも、ベーコン、ローリエ、分量の水、塩を入れ、蓋をして中火にかける。煮立ったら火を弱め、15分ほど煮る。
3　にんじん、じゃがいもに竹串を刺し、ほぼやわらかくなっていたら、キャベツの葉、ソーセージを加えて蓋をし、再び6〜7分煮る。煮汁の味を見て塩(分量外)で調味する。食べるときに好みでマスタードをたっぷりと添え、黒粒こしょうを振る。

かぶを塩漬けにし、その漬け汁を味つけに利用する。
個性的なブルーチーズがアクセントになるサラダ。

《b》 かぶと白ぶどうと ブルーチーズのサラダ

◎材料
かぶ……小4個
白ぶどう(皮ごと食べられる種なし)……小12粒
ブルーチーズ(ゴルゴンゾーラなど)……50g
塩……小さじ⅓
レモン汁……大さじ1

◎作り方
1　かぶは葉を切り落として1.5cm角に切り、ボウルに入れて塩をまぶし、10分ほどおく。ぶどうは縦半分に切る。
2　1のボウルにレモン汁、ぶどうを加え、さっと混ぜて器に盛る。
3　2にブルーチーズをちぎりながらのせる。

◎3品の段取り

aの煮込みを作る → bのサラダのかぶに塩をまぶす → cのゆで卵を作り、ツナソースを作る → bのサラダの仕上げ

半熟ゆで卵にツナソースをたらり。
ナイフを入れたときの半熟加減がキモ。

《c》 ゆで卵のツナソース

作りおきOK

◎材料
卵……4個
ツナソース
　ツナ缶(チャンクタイプ)……2缶(140g)
　玉ねぎ……¼個
　パセリの葉……1本分
　プレーンヨーグルト……30g
　塩……小さじ⅕
イタリアンパセリ(またはパセリ)……適量

◎作り方
1　鍋にたっぷりの湯を沸かし、室温に戻した卵をお玉でそっと湯に沈め、6分ゆでる。すぐに冷水にとって殻をむき、ペーパータオルで表面の水気をよく拭き、器にのせる。
2　フードプロセッサーにツナソースの材料を入れ、なめらかになるまで撹拌する。味を見て塩(分量外)で調味し、再び混ぜる。包丁でみじん切りにして合わせてもよい。
3　1に2をかけ、イタリアンパセリを飾る。

鍋 menu

《a》魚介のスープ
《b》きゅうりとパイナップルのサラダ
《c》ゆで雑穀とソーセージの粒マスタードマリネ

スープは具材次第でいくらでも豪華になります。あさり、たら、たこの3種類の魚介をふんだんに使ったら！ それぞれのうまみがスープに染み出た、おいしいスープのでき上がり。スープを引き立てるおかずには、プチプチ食感の雑穀マリネとコリコリ感が心地いいきゅうりのサラダを用意。食感もおいしさのひとつだということを実感できるセットです。

パンチェッタは炒めてうまみを、セロリは香りを出す。後は魚介を時間差で煮るだけ。

《a》魚介のスープ

◎ 材料　5～6人分
ゆでだこ……1本(180g)
生だらの切り身……4切れ
あさり……400g
じゃがいも……小4個
セロリ……2本
さやいんげん……12本
パンチェッタ（短冊切り）
　……85g
ドライトマト（粗みじん切り）
　……7枚(20g)
にんにく（薄切り）……½かけ
オリーブ油、白ワイン……各大さじ2
A
　｜水……5カップ
　｜ローリエ……1枚
　｜塩……小さじ⅓

◎ 作り方

1　あさりは3.5％の塩水に1時間以上浸けて砂抜きし、殻をこすり合わせて洗う。じゃがいもは5mm幅の輪切りにする。セロリは筋をとり、茎は斜め薄切りに、葉は1本分を取り分ける。いんげんは長さを4等分に切る。たこは5～6mm幅のそぎ切りにし、たらは1切れを3等分に切る。

2　鍋にオリーブ油、にんにく、パンチェッタを入れて強めの弱火で炒める。パンチェッタの色が変わったらセロリの茎、いんげんを入れて炒める。

3　セロリが半透明の色に変わったらあさり、白ワインを加える。アルコール分が飛んだらA、セロリの葉、たら、じゃがいもを入れて中火にする。煮立ったらアクを取りながら静かに沸騰している状態で10分ほど煮る。

4　たこ、ドライトマトを加えて5分ほど煮て、味を見て塩（分量外）で調味し、混ぜる。器に盛り、オリーブ油適量（分量外）を回しかける。

◎ 3品の段取り

aのあさりの砂抜き → aのスープを作る → cのマリネを作る → bのサラダを作る

しょうが汁とバジル。爽快感を持つ2つの素材が、きゅうりとパイナップルをさらにさわやかな味に。

《b》きゅうりと
　　パイナップルのサラダ

◎ 材料
きゅうり……3本
パイナップル(カットパインなど)……100g
しょうが汁……1かけ分
バジルペースト(市販)……大さじ2
塩……少々

◎ 作り方
1　きゅうりは2cm幅の乱切りにし、パイナップルは5mm厚さの台形に切り、ボウルに入れる。
2　1にしょうが汁、バジルペーストを入れてさっとあえ、塩で調味する。

火を通すと共に肉のうまみを雑穀に移すため、ソーセージをゆで雑穀の上にのせてレンジ加熱。

《c》ゆで雑穀とソーセージの
　　粒マスタードマリネ

◎ 材料
雑穀ミックス(ゆでたもの・パウチパック)……220g
ソーセージ……2本(140g)
A
　水……大さじ3
　ドライオレガノ……小さじ½
　オリーブ油、粒マスタード……各大さじ2

◎ 作り方
1　ソーセージを5mm幅の輪切りにする。
2　耐熱ボウルに雑穀、1を順に入れ、ラップをかけて電子レンジで2分加熱する。
3　2が熱いうちにAを加えてあえる。

Column 2

ディップを作ろう

パンにつけたり、野菜につけたり、ポテトチップスにつけたり……。つける相手が変われば味わいも変わる！というわけで、ディップは食べ始めるとついつい止まらなくなります。ときには2つの味をダブルでつけてみたり……と楽しみ方がいろいろなのもディップが楽しい所以です。

豆腐入りのヘルシーディップ。
こしょうはホールをつぶすと香りがよく、
口当たりの変化も楽しめる。

白いディップ

◎ 材料　作りやすい分量
木綿豆腐……½丁(175g)
クリームチーズ……50g
パルミジャーノ・レッジャーノ（ブロック・すりおろす）
　……大さじ2
塩……小さじ¼
黒こしょう（できればホール）……適量

◎ 作り方
1　豆腐はペーパータオルで包み、ひと晩冷蔵庫に入れてしっかり水気を取る。時間がないときは厚揚げでも。その場合、外側の色や口当たりが気になるようなら、そぎ取って中身だけを使用する。
2　フードプロセッサーに黒こしょう以外の材料を入れ、なめらかになるまで撹拌する。味を見て塩(分量外)で調味して混ぜ、器に盛る。
3　黒こしょうを叩いてつぶし、2にかける。

◎◎◎ ミニトマト、チコリ、ラディッシュ、ポテトチップス、黒パン、バゲットやクラッカーなどにつけて食べる。

アボカドのまったりと濃厚な味が
バジルとヨーグルトで、さわやかになる。

緑のディップ

◎ 材料　作りやすい分量
アボカド……1個
バジルペースト(市販)……大さじ2
ギリシャヨーグルト*……大さじ2
塩……小さじ1/5

＊ギリシャヨーグルトの代わりに、プレーンヨーグルトをひと晩水きりし、半量にして使っても

◎ 作り方
1　アボカドは種と皮を取り除く。
2　フードプロセッサーに材料をすべて入れ、なめらかになるまで撹拌する。味を見て塩(分量外)で調味して混ぜ、器に盛る。

PART3
フライパンで焼くだけ 1品
＋サブ料理 2 品

フライパンで焼くだけでも、素材やソースに工夫を凝らすと、十分ごちそうになります。ただ、焼きたてを食べたいので、ほかの2品を先に準備しておくのがポイント。フライパンで手軽に作れるパエリアも併せてご紹介します。

「肉を焼くだけ」の簡単調理のときは、部位とソースにこだわるといいでしょう。やわらかくてクセが少ない豚フィレ肉を使い、りんごと玉ねぎの酸味甘味のバランスがいいソースをかけたら、ごちそう感たっぷり。ちなみにフランスのりんごの産地・ノルマンディ地方は、カマンベール発祥の地なので、サブ料理に取り入れてみる。こんな風に発想を広げるのも楽しいものです。

フライパン menu

《a》豚フィレ肉ソテー
　　りんごと玉ねぎの白ワインソース
《b》豆とセロリの明太子マリネ
《c》カマンベールとくるみ、クレソンの
　　ハニービネガーソース

りんごは豚肉と相性がいい。加熱するととろり、甘味が強くなり、豚肉の味をもり立てる。

《a》豚フィレ肉ソテー りんごと玉ねぎの 白ワインソース

◎ 材料
豚フィレ肉(ブロック)……1本(520g)
りんご……½個
玉ねぎ……1個
にんにく(薄切り)……1かけ
塩……小さじ1弱
サラダ油……大さじ1
白ワイン(中辛～辛口)……1カップ
バター(無塩)……25g

◎ 作り方
1　豚肉は1cm幅に切り、塩を振る。
2　りんごは皮つきのまま8等分のくし形に切り、玉ねぎは5mm角に切る。
3　フライパンにサラダ油を熱し、1の豚肉をのせる。動かさずに中火で焼き、2～3分して肉の側面の色が変わってきたら返し、もう片面も2分ほど焼く。肉の表面にツヤが出てきたら中まで火が通った証拠。取り出し、器に盛る。
4　3のフライパンに玉ねぎ、にんにく、りんごを入れて弱火にかけ、玉ねぎとりんごが透き通ってきたら白ワインを加え、火を強めてアルコール分を飛ばす。味を見て塩(分量外)で調味し、バターを薄く切って加え、すぐに火を止めてバターを溶かし混ぜる。仕上げのバターは香りが命。加えたらすぐに火を止めて煮溶かすといい。
5　3に4のソースをかける。

セロリのシャキシャキ感と豆のホクホク感。
そこに明太子のプチプチ感。食感の楽しいマリネ。

《b》豆とセロリの明太子マリネ

◎ 材料
ミックスビーンズ（ドライパック）
　……4パック(200g)
セロリ……小2本
明太子……50g
オリーブ油……大さじ1½

◎ 作り方
1　セロリは筋をとり、1cm角に切る。明太子は薄皮を取り除く。
2　ボウルに材料をすべて入れ、混ぜ合わせる。

チーズとはちみつ、くるみは相性抜群トリオ。
ほろ苦いクレソンが全体をピシッと引き締める。

《c》カマンベールとくるみ、クレソンのハニービネガーソース

◎ 材料
クレソン……2束
カマンベールチーズ（またはほかの白カビチーズ）
　……1個(250g)
くるみ（ロースト）……40g
A
　はちみつ……大さじ2½
　白ワインビネガー（または酢）……大さじ2

◎ 作り方
1　クレソンは葉を摘み、冷水にしばらく浸けてパリッとさせ、水気をペーパータオルでよく拭く。
2　ボウルにAを入れてよく混ぜ、くるみを小さめに割って加える。
3　チーズは放射状に8等分に切って器に盛り、中央に1をのせ、2を全体に回しかける。

◎ 3品の段取り

bのマリネを作り、冷蔵庫へ（前日に作るとラク）→ cのカマンベールのソースの材料を準備 → aの豚フィレ肉ソテーを作る → cのカマンベールの盛りつけ

魚のムニエルは、粉をはたいて焼くだけといたって簡単な料理。でも、そこにひと工夫したソースがかかった途端、ごちそうに早変わりします。白身魚は味が淡泊なので、チーズとあんずでコクと甘味をプラスして。焼きたてを出したいから、そのほかの2品はオーブントースターや電子レンジにまかせると、慌てず手際よく調理ができます。

フライパン menu

《a》 白身魚のムニエル
　　　パルミジャーノとあんずのソース

《b》 ホットアンチョビーソースの野菜、
　　　パン添え

《c》 アスパラガスとコーンの
　　　カレーマリネ

◎ 3品の段取り

aのたいに塩を振り、10分ほどおく → cのマリネを作り、冷蔵庫へ → bのアンチョビーソースの野菜を用意し、ソースをトースターで焼く → aのムニエルを焼いて仕上げる

フライパンについた魚のうまみをソースに利用。チーズとあんずを足せば、おいしいソースに。

《a》白身魚のムニエル　パルミジャーノとあんずのソース

◎ 材料

たいの切り身*……4切れ
塩……小さじ1
こしょう……少々
薄力粉……大さじ2
オリーブ油……大さじ2
ソース
　パルミジャーノ・レッジャーノ（ブロック・5mm角に切る）
　　……60g
　あんず（粗みじん切り）……8個
　オリーブ油……大さじ3
レモン（皮なし・半月切り）……適量
*たいの代わりにサーモン、ホタテ、ラム肉でも

◎ 作り方

1　たいに塩を振り、10分ほどおく。出てきた水分をペーパータオルでしっかりと拭き取り、こしょうを振って薄力粉を全面にまぶす。
2　フライパンにオリーブ油を入れて弱めの中火にかけ、熱している間に1の粉をはたき落として薄衣にし、皮目を下にしてフライパンに入れる。しばらく動かさずに焼き、2～3分してたいの側面の色が変わってきたら返し、もう片面も2分ほど焼く。たいの表面にツヤが出たら、中まで火が入った証拠。取り出して器に盛る。
3　ボウルにソースの材料を入れる。
4　2のフライパンに水½カップを入れて中火で熱し、半量ほどに煮詰まったら3に加えて混ぜ、2にかけてレモンを添える。

トースターで手軽に作る、バーニャカウダ風は
食べ始めると止まらない、ちょっと危険な食べ物。

《b》ホットアンチョビー
ソースの野菜、パン添え

◎ 材料
A
  アンチョビーフィレ……20g
  パセリ（みじん切り）……1本
  にんにく（みじん切り）……1かけ
  オリーブ油……大さじ6
マヨネーズ……大さじ2
バゲット、きゅうり、
　ラディッシュ、黒オリーブ……各適量

◎ 作り方
1　バゲット、きゅうり、ラディッシュは食べやすい大きさに切り、黒オリーブと共に器に盛る。
2　耐熱容器にAを入れ、オーブントースターで5分焼く。
3　2を取り出し、スプーンでアンチョビーをつぶし、マヨネーズを加えてよく混ぜ合わせ、1に添える。

鮮やかな野菜は食欲増進のもと。
緑と黄色、そこに一味の赤がポイントカラー。

《c》アスパラガスとコーンの
カレーマリネ

◎ 材料
グリーンアスパラガス……12本
コーン（パウチパック）……150g
A
  水……大さじ2
  塩……小さじ¼
カレー粉……小さじ1
オリーブ油……大さじ1
一味唐辛子……少々

◎ 作り方
1　アスパラガスは根元のかたいところを1cmほど切り落とし、長さを2〜3等分に切る。耐熱容器にAと共に入れ、ラップをかけて電子レンジで2〜3分加熱して水気をよく拭く。
2　ボウルにコーン、カレー粉、オリーブ油を入れて混ぜる。
3　器に1を盛り、2をのせて一味唐辛子をかける。

67

まずはかきのマリネとカリフラワーのサラダを前菜風に楽しみ、話も弾んできたところで、パエリアをテーブルへ。全品揃えて「はい、どうぞ」もいいけれど、この献立の場合はそんな風に時間差にすることで余計に盛り上がる気がします。それもそのはず、パエリアの登場には必ずといっていいほど歓声が！　みんな味つきごはんが好きだな〜と実感する瞬間です。

フライパン menu

《a》 えびときのこのパエリア風
《b》 生がきのサルサソースマリネ
《c》 柿とカリフラワーの
　　　ヨーグルトマスタードサラダ

えびと桜えびをダブルで使うと風味豊か。さらりとしたタイ米なら、炒めなくても大丈夫。

《a》えびときのこのパエリア風

◎ 材料　直径24×高さ5cmのフライパン1台分
ジャスミンライス……2合(360ml)
しいたけ……4個
ごぼう……¼本(30g)
えび(殻つき・ブラックタイガーなど)……8尾
オリーブ油……大さじ1＋小さじ1
水……720ml
塩……小さじ½
ピーナッツ(ロースト・粗みじん切り)……20g
桜えび……30g

◎ 作り方

1　ジャスミンライスはさっと洗い(洗いすぎると香りが飛ぶ)、ざるに上げて水気をきる。

2　しいたけは石づきを落として薄切りに、ごぼうは皮をきれいに洗って5mm角に切る。えびは殻つきのまま背中から切り込みを入れ、背ワタを取る。

3　フライパンにオリーブ油大さじ1を熱し、えびを中火で焼く。こんがりと色づいたら返し、もう片面も軽く焼いて取り出す。

4　3のフライパンにオリーブ油小さじ1を足し、しいたけ、ごぼうを入れて弱火で軽く炒め、1、分量の水、塩を入れてひと混ぜする。えびをのせ、アルミホイルをかぶせて弱火にし、沸騰してから12分加熱し、火を止めて10分蒸らす。

5　炊き上がりにピーナッツ、桜えびを散らして全体を混ぜる。味を見て塩(分量外)で調味する。

◎ 3品の段取り

bのマリネを作り、冷蔵庫へ → aのパエリアを炊く → cのサラダを作る → aのパエリアの仕上げ

生がき好きにはたまらない一品。
にんにくの利いた酸味のあるソースをたっぷり。

《b》生がきの
　　サルサソースマリネ

生のカリフラワーのおいしさを伝えるサラダ。
対照的な食感の柿とは、引き立て合う名コンビ。

《c》柿とカリフラワーの
　　ヨーグルトマスタード
　　サラダ

◎ 材料
かき（生食用）……12個
ピーマン……2個
紫玉ねぎ……½個
A
：赤ワインビネガー（またはレモン汁、酢）……大さじ1
：オリーブ油……大さじ2
：塩……小さじ⅓
：おろしにんにく……1かけ分

◎ 作り方
1　ピーマンはヘタと種を取り除き、5mm角に切る。紫玉ねぎはみじん切りにする。
2　ボウルに1、Aを入れ、混ぜ合わせる。
3　かきはボウルにためた水の中で振り洗いをし、ペーパータオルでよく拭き、2をかける。

◎ 材料
カリフラワー……1個
柿……1個
ギリシャヨーグルト＊……200g
ディジョンマスタード……80g
＊ギリシャヨーグルトの代わりに、プレーンヨーグルトをひと晩水きりし、半量にして使っても

◎ 作り方
1　カリフラワーは小房に分け、縦2～3mm幅に切る。柿は皮をむき、カリフラワーと同じくらいの薄切りにする。
2　ボウルに1、ヨーグルト、マスタードを入れ、よく混ぜ合わせる。味を見て塩やマスタード（各分量外）で調味する。

◎◎◎柿の代わりに、ゴールドキウイやりんご、梨でも

タルティーヌ タルティーヌ！ タルティーヌ‼

Column 3

タルティーヌとは、フランス式のオープンサンド。ルールなんてありません。好きなものを好きなようにパンにのせればいい。でもちょっとしたコツはあって、味の要になるタンパク質に野菜、香りや食感のアクセントになる素材を組み合わせると、一口で何度も楽しめます。ここでは、火を使わずに作れるものばかりで！

ラディッシュと
黒オリーブのタルティーヌ

ゆで卵とケイパーの
タルティーヌ

りんごとしらすの
タルティーヌ

ビーフパストラミの
タルティーヌ

クリームチーズと明太子がベース。
ケイパーの酸味でキュッとアクセントをつける。

ゆで卵とケイパーの
タルティーヌ

◎ 材料(作りやすい分量)＆作り方

1　バゲット適量を1cm厚さに切り、好みでトーストする。

2　ボウルにクリームチーズ100gを入れ、ゴムベラで混ぜてやわらかくする。明太子40gは薄皮を取り除いて加え、混ぜ合わせる。

3　うずらの卵(水煮)2個は水気をペーパータオルで拭き、縦4等分に切る。

4　1に2を塗り、ブロッコリースプラウト適量、3、ケイパー数粒を順にのせる。

新鮮なマッシュルームを見つけたら、ぜひ。
後味がさっぱりとする、柑橘もマスト。

りんごとしらすの
タルティーヌ

◎ 材料(作りやすい分量)＆作り方

1　バゲット適量を1cm厚さに切り、好みでトーストする。

2　1にバジルペースト(市販)を塗り、マッシュルーム(薄切り)2枚、しらす少々、りんご(いちょう切り)2枚を順にのせ、ライムの薄切り(またはレモン、かぼす、すだち)少々を添える。

まぐろとアンチョビーのダブルのうまみに、
オリーブで酸味を利かせるのがコツ。

ラディッシュと
黒オリーブのタルティーヌ

◎ 材料(作りやすい分量)＆作り方
1　バゲット適量を1cm厚さに切り、好みでトーストする。
2　ボウルにまぐろのすき身(なければ刺身用まぐろを叩く)100g、わさび小さじ1強、塩小さじ¼を入れて混ぜる。
3　1に2を塗り、黒オリーブ(輪切り)3個、ラディッシュ(薄切り)2枚、アンチョビー少々とディルの葉を順にのせる。

カリカリ食感のくるみが、
ビーフをさらにおいしくする。

ビーフパストラミの
タルティーヌ

◎ 材料(作りやすい分量)＆作り方
1　バゲット適量を1cm厚さに切り、好みでトーストする。
2　1にやわらかくしたクリームチーズ適量を塗り、ルッコラ1〜2枚、ビーフパストラミ(市販)数枚、くるみ(ロースト)1個を砕いてのせ、ドライクランベリーを半分に切って散らす。

キッシュやタルトタタンなどの生地もの
は、とっても人気があります。ここでは、
腕まくりしなくても作れる、簡単な生地
をご紹介。しかも、作り方を覚えておけば、
いくつもの料理が楽しめる万能な生地で
す。生地は保存ができるので、時間があ
るときに作っておくのもおすすめです。

PART4

ひとつの生地だけで作る 1品
＋サブ料理 2 品

基本の生地の作り方

バターの代わりにサラダ油で作る、
サクッカリッとした軽い口触りの生地です。
バターのように溶ける心配がないので扱いやすいのも特徴。
粉の一部を全粒粉にする、
油脂をオリーブ油やココナッツオイル、
グレープシードオイルなど
風味のあるものに変えて楽しむことも可能です。

◎ 材料　作りやすい分量・でき上がり量 170g
薄力粉……100g
ベーキングパウダー……1g
塩……小さじ¼
水……30g
サラダ油……35g

◎ 作り方

1 ボウルに薄力粉とベーキングパウダーを入れ、泡立て器で混ぜてサラサラにする。ふるう代わりに行う作業。粉にダマがある場合は、ダマを取るようなイメージで混ぜる。

2 小さめのボウルに塩と分量の水、油を入れ、泡立て器で混ぜる。

3 塩が溶け、乳化して白っぽくなったら混ぜ終わり。

4 1のボウルに3を一気に加える。

5 加えたら、すぐにフォークでぐるぐると混ぜる。

6 ある程度生地がまとまって混ぜにくくなってきたら、フォークの背をボウルに押しつけるようにして生地をまとめる。

7 粉っぽさがなくなり、ボウルの中がすっかりきれいになったら、混ぜ終わり。

8 生地は保存可。保存する場合は、生地を平らにしてラップで包み、保存袋に入れて冷蔵庫または冷凍庫へ。

◎◎◎冷蔵で3日、冷凍で1カ月保存可。解凍する場合は、前日の晩に冷蔵庫に移し、自然解凍。
◎◎◎バターではなく油使用の生地のため、保存した生地は時間が経つと表面に油脂がにじみ出る。生地を成形する際に一度こね、油脂を再び生地の中に閉じ込めてから使う。

9 生地を伸ばす。キッチンの作業台やテーブルにラップを大きく広げ、生地をのせ、めん棒で作る料理に合わせて伸ばす。

ひとつの生地 menu

《a》ベーコンとブルーチーズのキッシュ
《b》きのことズッキーニのバルサミコ酢あえ
《c》フルーツパフェ

キッシュとパフェ、野菜のバルサミコ酢あえの3品は、女性ばかりの会を盛り上げてくれる心強いトリオ。「生地から手作りのキッシュ」というだけでも感動ものだし、見た目がかわいいパフェの登場はゲストの心を鷲づかみに。パフェは盛りつけ直前まではあらかじめ作っておけます。軽めの食事をワインと共にゆっくり楽しんだ後に、パフェで会を締めくくりましょう。

空焼きなしの手軽なキッシュ。
クセの強いブルーチーズで、大人の味わいに。

《a》ベーコンとブルーチーズのキッシュ

◎ 材料　直径18cmの底の取れるタルト型1台分
キッシュ生地(p.78)……全量
具
- ベーコン(ブロック・拍子木切り)……100g
- ブルーチーズ(ゴルゴンゾーラ、ロックフォールなど、ちぎる)……40g
- 玉ねぎ(縦薄切り)……1個
- サラダ油……大さじ1

アパレイユ(卵液)
- 卵……2個
- 生クリーム(乳脂肪30%台)……60g
- パルミジャーノ・レッジャーノ(ブロック・すりおろす)……大さじ2
- 塩……小さじ1/3

◎ 作り方
1　具を作る。耐熱ボウルに玉ねぎ、サラダ油を入れて混ぜ、ラップをかけて電子レンジで4分加熱、ラップを外して電子レンジで3分加熱する。全体を混ぜてさらにラップをかけずに3分加熱するのを2回繰り返し、冷ましておく。炒めてねっとりとして甘味が出たときのようになればOK。

2　生地を成形する。p.79を参照し、生地をめん棒で2mm厚さ、型よりふた回りほど大きく伸ばす。空気を抜くように型に貼りつけ、ラップを取って上からめん棒を転がして余分な生地を切り取る。生地が足りない箇所や薄いところがあったら、切り取った生地を貼りつける。

3　底にフォークでまんべんなく穴を開ける。

4　3に1を広げ、ベーコンとチーズをちりばめる。

5　ボウルにアパレイユの材料を入れてよく混ぜ、4に静かに流し入れ、180℃に予熱したオーブンで25〜30分焼く(天板の隙間に「きのことズッキーニのバルサミコ酢あえ」のきのことズッキーニをオーブンペーパーごとのせ、20分焼いて取り出す)。

生地の空焼き

時間と気持ちに余裕がある場合は、生地を空焼きするとよりサクッと香ばしい生地に。作り方3まで同様に作り、タルトストーンをのせて170℃のオーブンで30分ほど焼き、タルトストーンを除いて160℃で10分ほど焼く。作り方4と同様にし、アパレイユを流し入れて180℃で15〜20分焼く。

◎ 3品の段取り

aのキッシュの生地、具材を準備 → bのバルサミコ酢あえの野菜を準備 → aのキッシュ、bのバルサミコ酢あえの野菜を焼く → bのバルサミコ酢あえの仕上げ(前日) → cのパフェの準備 → (食後に)cのパフェの仕上げ

バルサミコ酢の濃厚なコクと酸味がリッチ。
ズッキーニは黄色もミックスするとよりきれい。

《b》きのことズッキーニの バルサミコ酢あえ

◎材料
エリンギ……3本(150g)
まいたけ……200g
ズッキーニ……1½本(375g)
塩……小さじ⅓
オリーブ油……大さじ1½
バルサミコ酢……大さじ2
こしょう……多め

◎作り方
1　エリンギは長さを半分にし、縦3〜4等分に切る。まいたけはエリンギよりも少し大きめに割く。ズッキーニは5mm幅の輪切りにする。
2　天板にオーブンペーパーを敷き、1を広げ、塩、オリーブ油をかける。180℃に予熱したオーブンで20分ほど焼く。
3　2をボウルに移し、熱いうちにバルサミコ酢、こしょうを振り、混ぜる。味を見て塩(分量外)で調味する。

市販品をうまく組み合わせて手軽に作るパフェ。
盛りつけのセンスで、ゲストを驚かせて。

《c》フルーツパフェ

◎材料
パイナップル缶……120g
グレープフルーツゼリー(市販)……150ml×2個
アメリカンチェリー……16粒
ブルーベリージャム(市販)……80g
生クリーム(乳脂肪30%台)……100ml
グラニュー糖……大さじ1½
カステラ(市販)……2cm角×16切れ
シリアル(好みのもの)……適量

◎作り方
1　パイナップル缶は実と汁に分け、実をフードプロセッサーに入れて撹拌し、ピュレ状にする。グレープフルーツゼリーを加え、混ぜる。
2　チェリー12粒は半分に切って種を取る(4粒は飾り用に取り分ける)。耐熱ボウルに入れ、ブルーベリージャムを加えて混ぜ、ラップをかけて電子レンジで1分30秒加熱し、冷ます。
3　別のボウルに生クリーム、グラニュー糖を加え、8分立てに泡立てる(すくい上げるとピンとツノが立ち、すぐにツノが垂れるくらい)。
4　グラスの底に1を入れ、3をのせる。カステラ4切れを入れ、シリアルを散らし、3をたっぷりのせる。2をかけ、飾り用のチェリーを2に一度くぐらせてからトップにのせる。

主役は熱々を食べたいミートキッシュ。見た目以上にずっしりと食べ応えがあるから、あとの2品は軽めにするとバランスがいい。一品はドレッシングを手で優しくからめたサラダ、もう一品はひと晩冷やし固めたソルベ。ソルベは「そろそろデザートに」のタイミングで型から出しておけば、コーヒーを入れている間にちょうどよい固さになります。

ひとつの生地 menu

《a》ミートキッシュ

《b》ピーマンとチーズの
　　グリーンサラダ

《c》アボカドとキウイの
　　ヨーグルトソルベ

◎ 3品の段取り

cのソルベを作り、冷凍庫へ（前日にしておくとラク）
→ aのミートキッシュを作る → bのサラダを作る

全粒粉を加えた生地が香ばしい。
肉のうまみがギュッと詰まった、おかずキッシュ。

《a》ミートキッシュ

◎ 材料　直径13×高さ2.5cmの耐熱容器4個分
キッシュ生地＊（p.78）……2倍量
具
　牛ひき肉……320g
　玉ねぎ（みじん切り）……½個
　にんにく（みじん切り）……1かけ
　塩……小さじ½
　トマトペースト（6倍濃縮）……大さじ1½
アパレイユ（卵液）
　卵……6個
　塩……小さじ1
　こしょう……適量
　ナツメグ……適量

＊キッシュ生地は、薄力粉120g、全粒粉80g、他の材料は2倍にして同様に作る

◎ 作り方

1　生地を成形する。生地を4等分にし、p.79を参照し、めん棒で1〜2mm厚さ、使用する耐熱容器よりもふた回りほど大きく伸ばす。空気を抜くように容器に貼りつけてラップを取り、余った生地は容器から外に反らせる。底にフォークでまんべんなく穴を開ける。同様に計4個作る。

2　具を作る。耐熱ボウルに牛ひき肉、玉ねぎ、にんにくを入れ、ラップをかけて電子レンジで3分加熱する。取り出してほぐすようにひと混ぜし、再びラップをかけて2分加熱して中までしっかり火を通す。ラップを取り、熱いうちに塩、トマトペーストを加えて混ぜ、粗熱を取る。

3　アパレイユを作る。ボウルに卵を割りほぐし、塩、こしょう、ナツメグを加えてよく混ぜ、2に注いで混ぜ合わせる。

4　1の生地に3を均等に注ぎ入れ、外側へ反らせておいた生地を内側へ倒し、180℃に予熱したオーブンで25分ほど焼く。中央に竹串を刺し、液体がつかず、生地がしっかり色づいていたら焼き上がり。

◎◎◎焼いている間に卵液が生地の外側に流れ出てしまっていてもそのまましっかり焼き上げる

冷水に浸けてパリッとさせた野菜。
大きなボウルでドレッシングを手で優しくからませる。

《b》ピーマンとチーズの グリーンサラダ

◎ 材料
カラーピーマン……3個
葉野菜（サニーレタスやフリルレタスなど）……1個
ドレッシング
  塩……ふたつまみ
  白ワインビネガー（またはレモン汁、酢）……小さじ1
  オリーブ油……小さじ2
シュレッドチーズ……40g

◎ 作り方
1　ピーマンは縦半分に切ってヘタと種を取り除き、横薄切りにする。葉野菜は食べやすい大きさにちぎり、冷水にしばらく浸けてパリッとさせ、水気をペーパータオルでよく拭く。
2　ボウルにドレッシングの材料を入れ、よく混ぜ合わせる。
3　大きなボウルに1を入れ、2を加えて手で優しくあえる。チーズを加え、一度だけ上下を返し、器に盛る。

アボカドの油脂がキウイソルベをクリーミーに。
完熟のアボカド、よく熟したキウイを選んで。

《c》アボカドとキウイの ヨーグルトソルベ

◎ 材料　110mlのプリン型4個分
アボカド……½個（100g）
キウイ……3個（300g）
はちみつ……大さじ3
プレーンヨーグルト……大さじ2
はちみつ（仕上げ用）……適量

◎ 作り方
1　アボカドは皮と種を取り除き、キウイは皮をむいてざく切りにする。
2　フードプロセッサーに仕上げ用のはちみつ以外を入れ、なめらかになるまで撹拌する。
3　2を容器に等分して入れ、3時間〜ひと晩以上冷凍庫で冷やし固める。取り出すときは50℃の湯に浸け、容器とソルベの間をぐるりとナイフで一周して器に返す。はちみつをかけて。

ひとつの生地 menu

《a》２つの味のタルトフランベ
《b》トマトといちごのサラダ
《c》コーンスープ

タルトフランベはフランスのアルザス地方生まれ。カリカリで口に入れるとほろりとくずれるクリスピーな生地が特徴です。おもてなしのときには生地を大きく伸ばし、1枚で2つの味にしましょう。食べる分だけセルフで切り取るスタイルで、カジュアルに楽しみます。サブ料理は、喉越しのいいスープ、フルーツを合わせた鮮やかなサラダ。

具材が焦げないよう、生地を薄く伸ばすのがコツ。
後は、辛味や苦味が利いた野菜で味を引き締める。

《a》2つの味の タルトフランベ

◎ 材料　25×35cmの長方形1枚分
キッシュ生地(p.78)……全量
A
　カッテージチーズ……80g
　しらす……80g
　にんにく(みじん切り)……½かけ
　ししとうがらし(ヘタを取る)……小10個
　青のり……小さじ1
B
　スモークチキン(市販、食べやすく割く)……2本(70g)
　ペコロス(5mm幅の輪切り)……3個
　トレビス(ちぎる)……小2枚
　マヨネーズ……適量
　ドライオレガノ……少々

◎ 作り方
1　生地を成形する。p.79を参照し、生地をめん棒で1〜2mm厚さの25×35cmに伸ばし、オーブンペーパーの上にのせる。
2　生地の半分にはカッテージチーズを散らし、しらす、にんにくをのせ、ししとうがらしをところどころにのせ、青のりを散らす。
3　生地のもう半分には、ペコロスをバラバラにしてのせ、スモークチキン、トレビスをところどころにのせ、マヨネーズを斜めにかけ、オレガノを散らす。
4　210℃に予熱したオーブンで20分ほど焼く。生地を軽く持ち上げたときに、底がしっかり焼けていれば焼き上がり。具材が焦げつきそうなのに底がまだ生っぽい場合は、オーブンの温度を170〜180℃に下げ、アルミホイルをかけてさらに焼く。

◎ 3品の段取り

aのタルトフランベを作る → cのスープを作る → bのサラダを作る

赤い野菜には赤ワインビネガーが本当によく合う。
仕上げにタイムのすがすがしい香りをまとわせて。

《b》トマトといちごのサラダ

◎ 材料
トマト……小6個
いちご……10個
赤ワインビネガー(または酢)……大さじ1½
はちみつ……大さじ1
タイム……小2本

◎ 作り方
1　トマトはヘタを取って4等分に切り、いちごはヘタを取って縦半分に切る。
2　ボウルに赤ワインビネガー、はちみつを入れてよく混ぜ、1とタイムの葉を摘んで加える。さっとあえ、器に盛る。あえてから時間をおくと水分が出て味が薄まってしまい、トマトといちごが小さくなるため、食べる直前にあえる。

舌触りのいいスープは牛乳で伸ばすだけの手軽さ。
生ハムで変化をつけるとおもてなしになる。

《c》コーンスープ

◎ 材料
コーン(パウチパック、クリームタイプ)……380g
牛乳……1カップ
ディル……1本
生ハム(2cm長さの細切り)……1枚

◎ 作り方
1　ボウルにコーンを入れ、牛乳を加えて伸ばす。味を見て塩(分量外・甘さが引き立つ程度)で調味し、よく混ぜ合わせて食べるまで冷やす。電子レンジで温めても。
2　器に盛り、生ハムをのせ、ディルの葉を摘んで飾る。

ちょっと笑っちゃうほど大きなグラタンを焼いてみませんか？ できれば、マカロニも大きいものを。驚きもおもてなしのひとさじのスパイスです。耐熱容器は深いものよりも浅くて大きなものがおすすめ。インパクトがあり、表面が広くなるので、焼き色がついたおいしいところが増えるんです。

大きなグラタンを焼こう

Column 4

ホタテはひもの部分からだしが出るから、生とボイルの両方を加える。
鶏肉とホタテ、2つのおいしさが加わった極上グラタン！

ホタテと鶏肉のビッググラタン

◎ 材料　2000mlの耐熱容器1個分
ホタテ(刺身用)……8個
ボイルホタテ……20個(340g)
鶏もも肉(皮なし)……170g
マッシュルーム……小2パック(16個)
マカロニ(好みのもの・できれば大きいもの)……285g
玉ねぎ(薄切り)……½個(115g)
にんにく(薄切り)……1かけ
サラダ油、塩……各小さじ1
こしょう、ナツメグ……各適量
白ワイン……大さじ2
ホワイトソース
　バター(無塩)……50g
　薄力粉……50g
　牛乳……3½カップ
　塩……小さじ½
　ローリエ……1枚
バター(無塩・仕上げ用)……30g
A
　パン粉……大さじ4
　パルミジャーノ・レッジャーノ(ブロック・すりおろす)
　　……大さじ4
　パセリ(みじん切り)……1本

◎ 準備
・薄力粉は茶漉しなどでふるっておく
・牛乳は電子レンジで1分加熱し、温めておく
・ホワイトソースのバターは10等分くらいに切り、仕上げのバターは5gずつに切っておく
・Aは混ぜ合わせておく

◎ 作り方
1　マッシュルームは石づきを落とし、5mm幅に切る。ホタテは4等分に切る。鶏肉は2cm角に切る。
2　鍋に塩(分量外・湯の1%弱。湯1ℓの場合、塩10g弱)を入れたたっぷりの湯で袋の表示通りにマカロニをゆで、ざるに上げる。
3　ホワイトソースを作る。鍋にバターを入れて弱めの中火にかけ、バターが完全に溶けたらいったん火から外して薄力粉を一気に加える。ヘラでしっかり混ぜ、ダマがあればつぶす。なめらかになったら弱めの中火にかけ、2〜3分しっかりと炒めて粉に火を通し、牛乳の半量を加える。ヘラで混ぜながら温め、ペースト状になったら残りの牛乳、塩、ローリエを加える。最初はあまり混ぜず、ときどき鍋底から大きくヘラを動かし、鍋縁がクツクツいってきたら火を止める。泡立て器に持ちかえて残ったダマをつぶすように混ぜ、なめらかにする。
4　別の鍋にサラダ油、玉ねぎ、にんにく、鶏肉を入れて中火にかけて炒める。鶏肉にほぼ火が入ったら、ホタテ、ボイルホタテ、マッシュルームを加え、塩、こしょうを振って炒める。白ワインを加えてアルコールを飛ばし、火を止める。
5　4に3、2を加えて混ぜる。ホワイトソースが固いようなら、牛乳少々(分量外)を加えてソースを伸ばし、味を見て塩(分量外)で調味し、ナツメグを振る。
6　耐熱容器に5を流し入れ、仕上げのバターをところどころにおき、Aを振って220℃に予熱したオーブンで15分ほど焼く。こんがり焼き色がつき、グツグツと中まで火が入ったらでき上がり。

PART5

あえるだけ、混ぜるだけの
オードブル 3 品

休日、まだ明るいうちから集まるときには、オードブルでもてなすのもいい。ここで紹介するのは、ほぼコンロを使わないものばかり。あえるだけ、混ぜるだけなので、ささっと作れます。ごちそうを作る気力はないけれど、家でゆっくり集まりたい。そんなときにもおすすめです。

オードブル menu

《a》キヌアサラダ
《b》カリフラワーのジェノバ風
《c》半熟卵のカレーアーモンド

軽めの3品献立のときは、素材や盛りつけにもこだわりたいもの。例えば、スーパーフードとしておなじみのキヌア。こんな風に使うとおいしいね！と話が弾む料理って、それだけでおもてなし向きだと思います。プリン型で抜いたひと品は、とにかくかわいくて「中身はどうなっているの？」と期待が膨らむ。おもてなしは手間ではなくアイデア！を証明するような3品です。

◎3品の段取り

bのカリフラワーのジェノバ風を作り、冷蔵庫へ → aのキヌアサラダを作る → cの半熟卵のカレーアーモンドを作る（前日にしておくとラク）

口の中でプチプチ弾ける食感が楽しい。
キウイの酸味としょうがの辛味でずっとおいしく。

《a》キヌアサラダ

◎ 材料
キヌア *……120g
スナップえんどう……12個(100g)
キウイ……1½個(120g)
A
｜ 塩……小さじ½
｜ しょうがの搾り汁……2かけ分
｜ オリーブ油……大さじ1
＊キヌアの代わりに、雑穀ミックスや玄米、クスクスをゆでたものでも

◎ 作り方
1　キヌアは洗い、ざるに上げる。スナップえんどうは筋を取る。
2　鍋に湯を沸かし、スナップえんどうを入れ、2〜3分ゆでてざるに上げる。同じ湯にキヌアを入れ、8分ほどゆで、食べてみてやわらかくなっていたらざるに上げて冷ます。スナップえんどうは4〜5等分に斜めに切り、水気をペーパータオルでよく拭く。
3　キウイは皮をむいて1cm角に切り、ボウルに入れ、2、Aを加えてさっとあえ、味を見て塩(分量外)で調味する。

プリン型とサーモンピンクに心が躍る、オードブル。
中からは彩りのいいカリフラワーが登場。

《b》カリフラワーの ジェノバ風

◎ 材料　直径6cm×高さ4cmのプリン型4個分
スモークサーモン(スライス)……12枚
カリフラワー……120g
バジルペースト(市販)……40g
オリーブ油……適量
スプラウト(好みのもの)……少々

◎ 作り方
1　カリフラワーはフードプロセッサーに入れてみじん切りにし(包丁でもよい)、耐熱ボウルに入れ、ラップをかけて電子レンジで2分ほど加熱する。冷めたらバジルペーストを加えて混ぜ、味を見て塩、こしょう(各分量外)やバジルペースト(分量外)で調味する。
2　プリン型にラップを大きめに広げ、底、側面にスモークサーモンを入れ(盛りつけたとき、中身が見えないように)、空気を抜きながら1を詰め、上部のサーモンは内側に折り曲げる。ラップをかけ、その上からプレスする(同じプリン型かスプーンで)。冷蔵庫に入れ、1時間〜ひと晩なじませる。
3　型を返して器に取り出し、オリーブ油を回しかけ、スプラウトを飾る。

◎◎◎プリン型がない場合はスモークサーモンの上にカリフラワーをのせてくるっと巻くか、グラスに盛りつけても

半熟卵は切らずに、切り込みを入れてざっくりと割る。
切り口をおいしそうに見せるポイント。

《c》半熟卵の カレーアーモンド

◎ 材料
卵……4個
アーモンドスライス……25g
カレー粉……小さじ¼
塩……小さじ½

◎ 作り方
1　鍋にたっぷりの湯を沸かし、室温に戻した卵をお玉でそっと湯に沈め、5分30秒ゆでる。すぐに冷水にとって殻をむき、ペーパータオルで表面の水気をよく拭く。
2　アーモンドはオーブントースターに入れ、焼き色がつくまで2〜3分焼く。取り出し、カレー粉、塩を振る。
3　1の座りが悪い場合は、白身の底を少し削って平らにし、半分に割って器に置き、2を散らす。

夏の暑い日なら、こんな冷製3品もいい。まぐろのカルパッチョはそれだけで満足感があるし、何よりマッシュルームを振りかけるサプライズがゲストに喜ばれます。ぜひ、テーブルに運んでからどうぞ。サブ料理には、食べてからオレンジ味に気づくマリネと中から瑞々しい梨が登場するサラダ。どちらも、ちょっとした発見があって、ゲストを飽きさせません。

オードブル menu

《a》 まぐろのカルパッチョ
《b》 モッツァレラとカラフルトマトの
　　 オレンジマリネ
《c》 きゅうりと梨のアボカドサラダ

上にかかっているのは、マッシュルーム。すりおろすことで香りが立ち、まるでトリュフ！

《a》まぐろのカルパッチョ

◎ 材料

まぐろの赤身
　（さくまたはスライス）……720g
ラディッシュ……2個
小ねぎ……2本
黒オリーブ……30g

マッシュルーム……2個
A
｜バルサミコ酢
｜　……大さじ2
｜しょうゆ……大さじ1

◎ 作り方

1　まぐろのさくは薄切りにする。バットに入れ、Aでマリネする。ラップをまぐろに貼りつけるようにするとよい。

2　ラディッシュはごく薄切り（あればスライサーで）、小ねぎは小口切り、オリーブは粗みじんに切る。

3　器に1を平らに盛り、ラディッシュ、小ねぎ、オリーブの順に彩りよくのせる。仕上げにマッシュルームをすりおろしながらかける。

◎◎◎マッシュルームは真っ白で固く締まったものがおすすめ。すりおろした後も変色しにくい

◎ 3品の段取り

aのカルパッチョのまぐろをマリネする　→　bのマリネを作る　→　cのサラダを作る　→　aのカルパッチョの仕上げ

マリネ液は、マーマレードとオレンジジュース。
オレンジが香る、甘いマリネ。

《b》モッツァレラと
カラフルトマトの
オレンジマリネ

◎ 材料
モッツァレラチーズ……2個(200g)
カラフルミニトマト……450g
A
┊ マーマレードジャム(できれば、果肉入り)……45g
┊ オレンジジュース……½カップ
┊ レモン汁……大さじ1

◎ 作り方
1　ミニトマトはヘタを取り、縦半分に切る。チーズはトマトと同じぐらいの大きさに切る。
2　ボウルにAを入れて混ぜる。味を見て甘すぎるならレモン汁を、酸っぱすぎるようならマーマレードジャム(各分量外)を増やす。
3　2に1を入れ、あえる。

アボカドは具とあえ衣の両方の役目。
ポテトチップスはのせても、砕いて混ぜても。

《c》きゅうりと梨の
アボカドサラダ

◎ 材料
きゅうり……2本(240g)
梨*……1個
アボカド……4個(800g)
レモン汁、オリーブ油
　……各大さじ1
塩……小さじ¼
ポテトチップス……1袋
＊梨の代わりに、りんごやパイナップルでも

◎ 作り方
1　きゅうりは2mm幅に切り、ボウルに入れて塩ふたつまみ(分量外)を入れてさっと混ぜ、しんなりしたら水気をしっかり絞る。梨は皮と芯を取り除き、きゅうりと同じくらいの大きさに切る。
2　アボカドは種と皮を除き、適当な大きさに切り、レモン汁を振ってフォークでつぶす。
3　2に塩、オリーブ油、1を加え、さっとあえる。味を見て塩(分量外)で調味して混ぜ、器に盛り、ポテトチップスを添える。

105

オードブル menu

《a》ビーツの冷製スープ
《b》きのことチーズのパングラタン
《c》桃とルッコラ、生ハムサラダ

これが自然の色？ と毎回驚かされるのが、真っ赤なビーツ。この美しさをいかしたスープを主役にしたいから、もう2品はどうしようかな？と献立を考えていきます。冷製スープだから1品は温かいものが欲しい。でも、コンロを使わずに簡単に作りたいから、オーブントースターでできるパングラタンを作ろう。もう1品は、フルーツを使ったひと品ということで、桃のサラダを……という具合です。

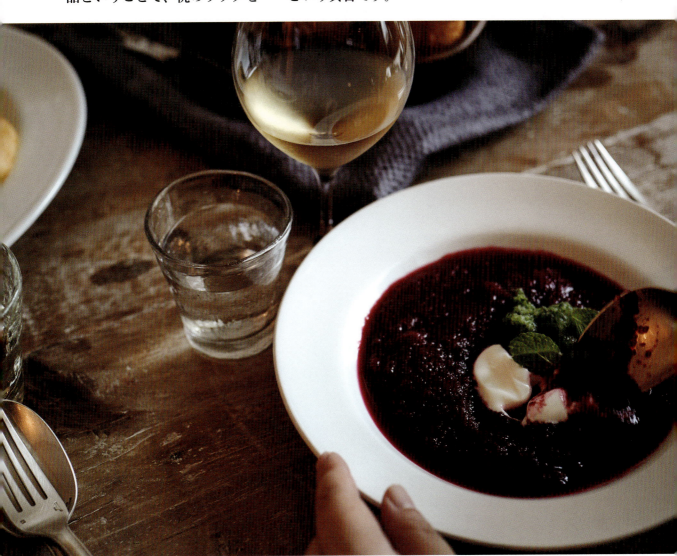

目の覚めるような鮮やかな色を楽しむビーツ。
きゅうりのグリーン、ヨーグルトの白で美しく。

《a》ビーツの冷製スープ

◎ 材料
ビーツ缶……1缶(425g)
水……1カップ
塩……小さじ⅓
きゅうり……1本
ギリシャヨーグルト*……ティースプーン4杯分
ミントの葉……少々
＊ギリシャヨーグルトの代わりに、プレーンヨーグルトをひと晩水きりし、半量にして使っても

◎ 作り方
1　ビーツは缶から出し、ざるに上げて汁気をきる。フードプロセッサーに入れてなめらかになるまで撹拌し、ボウルに移す。分量の水、塩を加えてよく混ぜ、味を見て塩(分量外)で調味し、冷蔵庫で冷やす。
2　器に1を盛り、きゅうりをすりおろしてのせ、ヨーグルトをおき、ミントの葉を散らす。

フルーツと生ハムの相性はいわずもがな。
ルッコラの香りと苦味が、桃の甘味を引き立てる。

《c》桃とルッコラ、生ハムサラダ

◎ 材料
桃*……2個
ルッコラ……3本
生ハム……小6枚(36g)
レモン汁、オリーブ油……各大さじ1
*桃の代わりに、梨、洋梨、メロン、すいかでも

◎ 作り方
1　桃は皮をむいてくし形に切る。器に盛り、桃の果汁（切ったときに出たもの）、レモン汁をかける。
2　ルッコラは3cm幅に切る。
3　1に2、生ハムを色どりよくのせ、オリーブ油を回しかける。

熱々がおいしいパングラタン。フィリングがたくさん入るよう、バゲットは厚めに切って。

《b》きのことチーズのパングラタン

◎ 材料
バゲット……8cmの高さ4個
フィリング
　しめじ……1株(100g)
　シュレッドチーズ……60g
　生クリーム……大さじ1
　パセリ（みじん切り）……½本
　にんにく（みじん切り）……½かけ
　塩……小さじ⅓
　こしょう……少々

◎ 作り方
1　しめじは石づきをとり、1cm幅に切る。バゲットの中身を手でかき出す。
2　ボウルにフィリングの材料を入れ、かき出したバゲットの中身をちぎって加え、よく混ぜる。バゲットのくぼみにびっしり詰める。
3　耐熱容器に2を並べ、オーブントースターで7〜8分焼く。竹串を刺して中まで熱くなっていれば焼き上がり。上部だけ焦げそうなら、途中アルミホイルで覆い、しめじとチーズに火を通す。

◎ 3品の段取り

aのスープのビーツを撹拌する → bのパングラタンを作る → aのスープの仕上げ → cのサラダを作る

Column 5

春巻きを揚げよう

　最近はあまり揚げ物を作らない人が多いそう。ならば、おもてなしに作ったら特別感があるかも⁉　ということで、春巻きです。モロッコ風の春巻き・ブリワットとベトナム風春巻き・チャーゾー。今日はカロリーなんか気にせずに、思いっきり食べましょう。野菜に包んで食べるのもありです。

手に入りやすい春巻きの皮で代用し、
三角に形作って、本場のブリワットっぽく。

ツナとゆで卵のブリワット

◎ 材料　8個分
春巻きの皮……4枚
具
　ツナ缶（チャンクタイプ）……1缶(80g)
　パセリ（みじん切り）……½本
　おろしにんにく……小さじ1
　クミンパウダー……小さじ1
　ゆで卵（粗みじん切り）……1個
　塩……少々
　こしょう……適量
糊
　薄力粉……大さじ3
　水……大さじ2
揚げ油……適量

◎ 作り方
1　ボウルに具の材料を入れ、混ぜ合わせる。別のボウルに糊の材料を入れ、混ぜ合わせる。
2　半分に切った春巻きの皮に1の具を⅛ずつのせ、三角形に巻く。途中、ところどころに混ぜ合わせた糊を塗る。同様に計8個作る。
3　揚げ油を170℃に熱し、2を入れ、色よく揚げる。

スナック感覚で食べたい、スティック春巻き。
かぼちゃの甘味にスモーク薫で個性的な風味をつけて。

かぼちゃペーストと
スモークチーズのブリワット

◎ 材料　8個分
春巻きの皮……8枚
具
　かぼちゃ……⅛個（正味300g）
　水……大さじ2
　スモークチーズ（5mm角に切る）……40g
　ドライオレガノ……小さじ½
糊
　薄力粉……大さじ3
　水……大さじ2
揚げ油……適量

◎ 作り方
1　かぼちゃは3cm角に切り、分量の水と共に耐熱ボウルに入れ、ラップをかけて電子レンジで3分加熱してやわらかくする（固い場合は、さらに1分ほど加熱）。取り出し、フォークでざっくりつぶす。
2　1が冷めたら、チーズ、オレガノを加えて混ぜる。
3　春巻きの皮に2の⅛量を細長くのせ、くるくると巻き、端に混ぜ合わせた糊をつけてしっかりおさえる。同様に計8個作る。
4　揚げ油を170℃に熱し、3を入れ、色よく揚げる。

生春巻きの皮を1枚ずつ霧吹きで戻し、
1枚ずつ包むのがコツ。

チーズとえのきのチャーゾー

◎ 材料　8個分
生春巻きの皮……8枚
具
　クリームチーズ……100g
　えのき(石づきを取り、5mm幅)……1袋(150g)
　豆板醤……大さじ1弱
　塩……少々
揚げ油……適量

◎ 作り方
1　ボウルに具の材料を入れ、よく混ぜ合わせる。
2　まな板に生春巻きの皮1枚をおき、全体が濡れるまで霧吹きで水を吹きかける。何度か返して両面をほどよく濡らし、半分に折りたたんで(なれない人は丸のままでも) 1の1/8量をのせ、手前、左右の皮を内側に折り、くるくると巻く。同様に計8個作る。
3　フライパンに揚げ油を入れ、2を入れてから中火にかける。途中転がしながら軽く色づくまでゆっくりと揚げる。

◎◎◎好みでレモン、香菜、葉物やスイートチリソースなどを添える

きくらげのコリコリ感が決め手。
にんじんの加熱はレンジにまかせると手軽。

豚ひき肉のチャーゾー

◎ 材料　8個分
生春巻きの皮……8枚
具
　豚ひき肉……180g
　きくらげ(生または乾燥を戻す)……100g
　にんじん……1本
　A
　　ナンプラー……大さじ1
　　白すりごま……大さじ1½
揚げ油……適量

◎ 作り方
1　きくらげは石づきを落とし、2cm長さの細切りにする。にんじんは2cm長さの細切りにし、耐熱ボウルに入れ、ラップをかけて電子レンジで40秒加熱し、冷ます。
2　1にひき肉、Aを入れ、よく混ぜ合わせる。
3　「チーズとえのきのチャーゾー」の作り方2〜3同様に皮を戻して具を包み、揚げる。

エスニックフレンチ

フランスを旅しているとエスニック系の料理もたくさん見かけます。スパイス使いが印象的で、何度も食べたくなるようなクセになるものばかり。献立に＋1、単品で、と自由にお使いください。

【エスニックフレンチ】

なすを多めの油で揚げ焼きにし、皮は器として、中身は具に使う料理。クミンのスパイシーさと、レーズンの甘味が異国の香りを運んできます。キンキンに冷やし、味がなじんだところを召し上がれ。

レバノン風なすの冷製

◎材料　8個分
なす……(1本100～110gのもの) 5本
玉ねぎ……½個
にんにく……2かけ
さやいんげん……8本
オリーブ油……½カップ
A
　ドライトマト(みじん切り)……2個(10g)
　レーズン(粗みじん切り)……20g
　クミンパウダー……小さじ1
　塩……小さじ⅓

(作りおきOK)

◎作り方
1　玉ねぎは縦薄切りにし、耐熱容器に入れてラップをかけて電子レンジで3～4分加熱し、そのまま冷ます。にんにくは縦半分に切り、芽を取り除く。
2　フライパンにオリーブ油を入れて弱めの中火で熱し、170℃くらいになったらいんげんを入れ、しんなりするまで揚げ焼きにし、取り出す。
3　2の揚げ油になすを縦半分に切りながら半量を皮目を上にして入れ、にんにくも入れ、揚げ焼きにする。なすは上下を返しながら揚げ、菜箸でつまんで凹むくらいになったら取り出し、残りも同様に揚げる。途中、にんにくに菜箸を刺してみて、やわらかくなっていたら取り出す。
4　2のいんげんは小口切りに、3のにんにくはつぶす。なすは皮が破れないように気をつけながら中身をスプーンで掻き出し、大きいものはスプーンでざっくり切る。なすの皮8個分はとっておく。
5　ボウルに4のいんげん、にんにく、なすの中身、1の玉ねぎ、Aを入れて混ぜ、味を見て塩(分量外)で調味する。なすの皮にこんもりと盛り、食べる直前まで冷蔵庫で冷やす。

[エスニックフレンチ]

中近東生まれのひよこ豆のペースト、フムス。
パンやクラッカーにつけたら、もう止まりません。
色鮮やかなグリーンピースバージョンも一緒にどうぞ。

2つのフムス

フムス

◎ 材料　作りやすい分量
ひよこ豆水煮缶……1缶(380g)
A
： 白ごまペースト……30g
： おろしにんにく……少々
： クミンパウダー……小さじ½
： 塩……小さじ¼
： オリーブ油……大さじ1

◎ 作り方
1　ひよこ豆はざるに上げ、豆と缶汁に分ける。
2　フードプロセッサーに1の豆、Aを入れ、撹拌する。1の缶汁を様子を見ながら加え、さらに撹拌してなめらかにする。味を見て塩(分量外)で調味する。パンや野菜につけて食べる。

グリーンフムス

◎ 材料　作りやすい分量
グリーンピース(冷凍)……270g
A
： ホタテ貝柱水煮缶……1缶(125g)
： しょうが(つぶす)……1かけ
： 塩……少々
： オリーブ油……大さじ1

◎ 作り方
1　耐熱容器にグリーンピースを入れ、ラップをかけて電子レンジで2分加熱し、ラップをとって冷ます。
2　フードプロセッサーに1、Aを入れ(ホタテ貝柱は缶汁ごと加える)、撹拌する。好みのやわらかさになるまで、オリーブ油や水各適量(各分量外)を加えて撹拌し、味を見て塩(分量外)で調味する。パンや野菜につけて食べる。

[エスニックフレンチ]

トマト、玉ねぎなどの水分が出るものは下に敷き、
その上にスパイスをまぶした根菜類をのせて蒸し煮にするだけ。
野菜から出る水分だけで加熱するので、野菜が思いのほかホクホクに。

野菜のタジン

◎ 材料

にんじん……小1本
かぼちゃ……⅛個
ごぼう……1本
大根……3cm
玉ねぎ……½個
トマト……小2個
ドライプルーン……4個
にんにく(薄切り)……1かけ
ローリエ……1枚
A
　塩……小さじ¾
　五香粉*……大さじ1
　オリーブ油……大さじ1½

*五香粉の代わりに、クミンやシナモン、クローブを2種くらい合わせても

◎ 作り方

1　にんじんは5mm厚さの輪切りにする。かぼちゃは種とワタをとり、皮つきのまま5mm厚さに切る。ごぼうは皮をよく洗い、4cm長さの斜め切りにする。大根は5mm厚さの輪切りにし、8等分のおうぎ形に切る。玉ねぎは5mm角、トマトは1.5cm角、プルーンは半分に切る。

2　バットににんじん、かぼちゃ、ごぼう、大根を入れ、Aを加えてよくあえる。

3　鍋にトマト、玉ねぎ、にんにくを入れ、ローリエをのせ、その上に2をのせ、プルーンをところどころにおく。蓋をして弱火にかけ、野菜から水分が出てきてグツグツいってから、10分ほど蒸し煮にする。途中、鍋中の水分が蒸発していないか確認し、水分がなくなっていたら水¼カップを加え、野菜から水分が出やすいようにする。

4　野菜の水分が十分に出てきたら上下を返し、にんじんやごぼうがやわらかくなるまで蒸し煮にする。味を見て塩(分量外)で調味する。

自慢のデザート

食事の最後にデザートがあると満足感が違います。いつも同じものでもいいのです。「あの家に行ったら、あれが食べられる！」とみんなに期待される、自慢のデザートをひとつ持ちましょう。

 デザート

カラメルソース多めのフレンチスタイルのプリン。大きく焼けば、それだけでごちそう感が出ます。
たっぷりの湯を注いで湯煎焼きすることで、すが立たずなめらかに。

ビッグプリン

◎ 材料　直径18.5cmの丸型　1台分
卵……L4個
牛乳……650mℓ
バニラビーンズ……1/3〜1/2本
グラニュー糖……125g
カラメルソース
　グラニュー糖……100g
　水……大さじ1＋大さじ2

◎ 作り方
1　カラメルソースを作る。少し深めの小鍋にグラニュー糖、水大さじ1を入れ、鍋を傾けて砂糖を水に浸透させる。強火にかけ、焦げ茶色よりも少し黒いぐらいになったら火から下ろし、ぬれぶきんの上に置く。ひと呼吸おいたら水大さじ2を一気に入れ、鍋を揺らして混ぜ、手早く型に流し入れる（熱いので鍋つかみを使う）。型を傾けて底全体に広げ、粗熱が取れたら冷蔵庫で冷やし固める。

2　小鍋に牛乳を入れる。バニラビーンズは縦に割いてビーンズ(黒い粒)をかき出し、さやごと牛乳に加えて中火にかける。50〜60℃(湯気が出てくる程度)になったら火を止める。

3　ボウルに卵、グラニュー糖を入れてよく混ぜ、2の粗熱が取れたら加えて混ぜ、ストレーナーなどで漉す。

4　1の型に3を静かに流し入れる。深めの耐熱バットにペーパータオルを二重に敷き、型をのせ、型の高さ半分くらいまで湯を注ぐ。型を持ち上げて湯を全体に行き渡らせる。

5　170℃に予熱したオーブンにバットごと入れ、40〜45分焼く。中央に竹串を刺し、液体がついてこなければ焼き上がり。粗熱が取れたら、冷蔵庫でひと晩おく。

6　型の縁にナイフをぐるりと入れ、ひと回り大きな器を上にかぶせ、返す。

■ デザート

クリームチーズのほかにカッテージチーズを使い、
あっさり感をプラスしたチーズケーキ。
ココナッツの香り、ナッツの食感がアクセント。

チーズケーキ

◎ 材料　7×17×高さ6cmのパウンド型　1台分
クリームチーズ……150g
カッテージチーズ……80g
グラニュー糖……15g＋60g
卵……M2個
薄力粉……大さじ2
レモンの皮(国産)……1個分
生クリーム(乳脂肪30％台)……大さじ2
ココナッツパウダー＊(細かいタイプ)……20g
ミックスナッツ(ロースト)……80g

＊細かいタイプのココナッツパウダーがない場合は、ココナッツリキュールやホワイトラムを大さじ1ほど入れる。またはアーモンドエッセンスを数滴入れる

◎ 準備
・型にオーブンシートを敷く。
・クリームチーズは室温に戻し、やわらかくしておく。
・卵は卵白と卵黄に分けておく。

◎ 作り方
1　ポリ袋にナッツを入れ、袋の上からめん棒などで叩いて砕き、型の底に敷き詰める。
2　ボウルにやわらかくしたチーズ2種、グラニュー糖15g、卵黄を入れ、泡立て器で混ぜる。よく混ざったら薄力粉、レモンの皮をすりおろして加え、ダマがなくなるまで混ぜ、生クリーム、ココナッツパウダーを順に加えて混ぜ合わせる。
3　別のボウルに卵白を入れてハンドミキサーで撹拌し、白っぽくなったらグラニュー糖60gの⅓量を加えて撹拌する。グラニュー糖が溶けたらまた⅓量を加えて撹拌し、卵白が泡立って量が増えたらグラニュー糖の残りを加え、さらによく撹拌し、8分立てに泡立てる(すくい上げるとピンとツノが立ち、すぐにツノが垂れるくらい)。
4　2に3をひとすくい入れ、泡立て器でしっかり撹拌する。残りの3を入れ、ゴムベラで泡をつぶさないよう切るように混ぜ合わせる。
5　4を1に流し入れ、160℃に予熱したオーブンで35分ほど焼く。中央に竹串を刺し、生地がついてこなければ焼き上がり。粗熱が取れたら冷蔵庫に入れ、ひと晩冷やす。

> デザート

何度も改良を重ねて作り続けている、私の定番バターケーキ。失敗しにくいので
お菓子作り初心者の方にもおすすめです。生のブルーベリーをのせ、焼きたてにジャムを塗るのがポイント。

バイオレットケーキ

◎ 材料　直径15×高さ5cmのセルクルや丸型1台分
ブルーベリー(生)*……100〜120g
バター(無塩)……100g
薄力粉……50g
アーモンドパウダー……70g
ベーキングパウダー……1g
グラニュー糖……80g
アーモンドスライス……30g
卵……M2個
ブルーベリージャム……80g

(作りおきOK)

＊冷凍ブルーベリーを使用する場合は、水分が多いため80gにする。
または、解凍して水分をペーパータオルで拭ってから使用

◎ 準備
・バターは室温に戻し、指で力を込めて押せば凹む
　ぐらいにやわらかくしておく。
・薄力粉、アーモンドパウダー、ベーキングパウダ
　ーはボウルに合わせ、ふるう代わりに泡立て器でよ
　く混ぜておく。
・アーモンドスライスは冷たいフライパンに入れ、
　色づくまで弱火で煎っておく。
・卵はよく溶きほぐしておく。

◎ 作り方
1　ボウルにやわらかくしたバター、グラニュー糖を入れ、ハンドミキサーでよく撹拌する。均一になったら卵液大さじ2を加え、ハンドミキサーでさらに撹拌し、乳化させる。ここでよく混ぜ合わせておくと、分離しない。
2　1に卵液大さじ2、粉類大さじ4を加え、ハンドミキサーで撹拌する。しっかり混ざったら、同様に卵液と粉類を加えて混ぜるをくり返し、すべて入ったらアーモンドスライスを加え、ゴムベラでさっくりと混ぜる。
3　天板にオーブンペーパーを敷いてセルクルや型を置き、2の生地を流し入れる。表面をざっくりとならし、ブルーベリーをたっぷりのせる。フッ素加工でない丸型を使用する場合は、底と側面にオーブンペーパーを敷き詰める。
4　180℃に予熱したオーブンで3を25分ほど焼く。中央に竹串を刺し、生地がついてこなければ焼き上がり。
5　熱いうちに型から外し、ジャムを表面にたっぷり塗る。できたての外カリッ！ 中ふわっもいいが、翌日のなじんだ味わいが最高。

◎◎◎保存するときは、表面が乾かないようにラップをふんわりとかけるか大きめのポリ袋で覆い、涼しい場所に置く。夏場は冷蔵庫で保存

材料別 INDEX
◎薬味として使われている玉ねぎ、にんにくなどは除いています。

肉・肉の加工品

◎鶏肉
鶏もも肉と豆のカスレ風　20
鶏肉と野菜のクリーム煮　42
ホタテと鶏肉のビッググラタン　92

◎豚肉
スパイシーローストポーク　16
パテ・ド・カンパーニュ　32
豚フィレ肉ソテー　りんごと
　玉ねぎの白ワインソース　60

◎ひき肉
パテ・ド・カンパーニュ　32
ミートキッシュ　84
豚ひき肉のチャーゾー　110

◎レバー
パテ・ド・カンパーニュ　32

◎ソーセージ
シュークルート風煮込み　46
ゆで雑穀とソーセージの
　粒マスタードマリネ　50

◎生ハム
コーンスープ　88
桃とルッコラ、生ハムサラダ　106

◎ベーコン
パテ・ド・カンパーニュ　32
シュークルート風煮込み　46
ベーコンとブルーチーズの
　キッシュ　80

◎サラミ
マンゴーとサラミソースの
　レタスサラダ　16
たこのカルパッチョ
　サラミ白ごまソース　28

◎スモークチキン
2つの味のタルトフランベ　88

◎パンチェッタ
魚介のスープ　50

◎ビーフパストラミ
ビーフパストラミのタルティーヌ　73

魚介・魚介の加工品

◎あさり
魚介のスープ　50

◎えび
えびときのこのパエリア風　68

◎かき
生がきのサルサソースマリネ　68

◎サーモン
サーモングリル
　ブルーベリータイムソース　24

◎たい
白身魚のムニエル　パルミジャーノと
　あんずのソース　64

◎たこ
たこのカルパッチョ
　サラミ白ごまソース　28
魚介のスープ　50

◎たら
魚介のスープ　50

◎ホタテ
ホタテと鶏肉のビッググラタン　92

◎まぐろ
ラディッシュと黒オリーブの
　タルティーヌ　73
まぐろのカルパッチョ　102

◎めばる
魚の包み焼き エスニック風　28

◎桜えび
えびときのこのパエリア風　68

◎しらす
りんごとしらすのタルティーヌ　73
2つの味のタルトフランベ　88

◎スモークサーモン
カリフラワーのジェノバ風　98

◎ツナ
ゆで卵のツナソース　46
ツナとゆで卵のブリワット　110

◎ホタテ缶
グリーンフムス　116

◎明太子
豆とセロリの明太子マリネ　60
ゆで卵とケイパーの
　タルティーヌ　73

野菜・野菜の加工品

◎かぶ
かぶと白ぶどうとブルーチーズの
　サラダ　46

◎かぼちゃ
栗の香りのかぼちゃの
　ポタージュ　32
かぼちゃペーストとスモークチーズの
　ブリワット　110
野菜のタジン　118

◎カリフラワー
柿とカリフラワーの
　ヨーグルトマスタードサラダ　68
カリフラワーのジェノバ風　98

◎キャベツ
シュークルート風煮込み　46

◎きゅうり
きゅうりとパイナップルのサラダ　50
きゅうりと梨の
　アボカドサラダ　102
ビーツの冷製スープ　106

◎グリーンアスパラガス
アスパラガスとコーンの
　カレーマリネ　64

◎クレソン
カマンベールとくるみ、クレソンの
　ハニービネガーソース　60

◎ケール
ケールとグレープフルーツの
　マスタードドレッシング　42

◎ごぼう
えびときのこのパエリア風　68
野菜のタジン　118

◎さやいんげん
魚介のスープ　50
レバノン風なすの冷製　114

◎ししとうがらし
2つの味のタルトフランベ　88

◎春菊
グリル野菜と春菊のサラダ　28

◎ズッキーニ
ズッキーニのカルパッチョ　20
きのことズッキーニの
　バルサミコ酢あえ　80

◎スナップえんどう
キヌアサラダ　98

◎セロリ
魚介のスープ　50
豆とセロリの明太子マリネ　60

◎大根
野菜のタジン　118

玉ねぎ・紫玉ねぎ・ペコロス
紫玉ねぎとオレンジのオーブン焼き
　バルサミコ酢マリネ　32
鶏肉と野菜のクリーム煮　42
シュークルート風煮込み　46
豚フィレ肉ソテー　りんごと
　玉ねぎの白ワインソース　60
生がきのサルサソースマリネ　68
ベーコンとブルーチーズの
　キッシュ　80
2つの味のタルトフランベ　88

◎トマト・ミニトマト
トマトといちごのサラダ　88
モッツァレラとカラフルトマトの
　オレンジマリネ　102
野菜のタジン　118

◎トレビス
2つの味のタルトフランベ　88

◎なす
なすのヨーグルトミントマリネ　20
レバノン風なすの冷製　114

にんじん
にんじんとぶどうのサラダ　24
鶏肉と野菜のクリーム煮　42
シュークルート風煮込み　46
豚ひき肉のチャーゾー　110
野菜のタジン　118

ピーマン・パプリカ
パプリカとオリーブの
　トマトマリネ　42
生がきのサルサソースマリネ　68
ピーマンとチーズの
　グリーンサラダ　84

ブロッコリー
ブロッコリーグリル クミン風味　24

ラディッシュ
ラディッシュと黒オリーブの
　タルティーヌ　73
まぐろのカルパッチョ　102

ルッコラ
桃とルッコラ、生ハムサラダ　106

レタス
マンゴーとサラミソースの
　レタスサラダ　16
ピーマンとチーズの
　グリーンサラダ　84

れんこん
グリル野菜と春菊のサラダ　28

コーン（パウチパック）
アスパラガスとコーンの
　カレーマリネ　64
コーンスープ　91

ビーツ缶
ビーツの冷製スープ　106

きのこ類
えのき
チーズとえのきのチャーゾー　110

エリンギ
きのことズッキーニの
　バルサミコ酢あえ　80

きくらげ
豚ひき肉のチャーゾー　110

しいたけ
グリル野菜と春菊のサラダ　28
えびときのこのパエリア風　68

しめじ
きのことチーズの
　パングラタン　106

まいたけ
きのことズッキーニの
　バルサミコ酢あえ　80

マッシュルーム
鶏肉と野菜のクリーム煮　42
まぐろのカルパッチョ　102
りんごとしらすのタルティーヌ　73

いも類
さつまいも
グリル野菜と春菊のサラダ　28

じゃがいも
じゃがいものナッツあえ　16
鶏肉と野菜のクリーム煮　42
シュークルート風煮込み　46
魚介のスープ　50

豆類
いんげん豆
鶏もも肉と豆のカスレ風　20

グリーンピース
グリーンフムス　116

豆腐
白いディップ　54

ひよこ豆
フムス　116

ミックスビーンズ
豆とセロリの明太子マリネ　60

卵
うずらの卵
ゆで卵とケイパーの
　タルティーヌ　73

鶏卵
ゆで卵のツナソース　46
ベーコンとブルーチーズの
　キッシュ　80
ミートキッシュ　84
半熟卵のカレーアーモンド　98
ツナとゆで卵のブリワット　110

穀物
キヌア
キヌアサラダ　98

雑穀
ゆで雑穀とソーセージの
　粒マスタードマリネ　50

ジャスミンライス（タイ米）
えびときのこのパエリア風　68

パン
ゆで卵とケイパーの
　タルティーヌ　73
りんごとしらすのタルティーヌ　73
ラディッシュと黒オリーブの
　タルティーヌ　73
ビーフパストラミのタルティーヌ　73
きのことチーズの
　パングラタン　106

マカロニ
ホタテと鶏肉のビッググラタン　92

果物・果物の加工品
アボカド
緑のディップ　54
アボカドとキウイの
　ヨーグルトソルベ　84
きゅうりと梨の
　アボカドサラダ　102

アメリカンチェリー
フルーツパフェ　80

いちご
トマトといちごのサラダ　88

オレンジ
紫玉ねぎとオレンジのオープン焼き
バルサミコ酢マリネ　32

柿
柿とカリフラワーの
　ヨーグルトマスタードサラダ　68

キウイ
アボカドとキウイの
　ヨーグルトソルベ　84
キヌアサラダ　98

グレープフルーツ
ケールとグレープフルーツの
　マスタードドレッシング　42

梨
きゅうりと梨の
　アボカドサラダ　102

パイナップル
きゅうりとパイナップルのサラダ　50

ぶどう
にんじんとぶどうのサラダ　24
かぶと白ぶどうとブルーチーズの
　サラダ　46

ブルーベリー
サーモングリル
　ブルーベリータイムソース　24

マンゴー
マンゴーとサラミソースの
　レタスサラダ　16

桃
桃とルッコラ、生ハムサラダ　106

りんご
豚フィレ肉ソテー　りんごと
　玉ねぎの白ワインソース　60
りんごとしらすのタルティーヌ　73

デザート
ビッグプリン　120
チーズケーキ　122
バイオレットケーキ　124

サルボ恭子 さるぼ きょうこ

1971年東京生まれ。フランス人の夫、長男、長女の4人家族。料理家の叔母に師事したのち、渡仏。パリ有数のホテル「オテル・ド・クリヨン」で勤務。フランスの郷土料理に魅了され、帰国後、料理研究家のアシスタントを経て独立。現在は料理教室を中心に活躍。材料の組み合わせセンスに定評があり、本書では簡単なのにおいしくておしゃれな料理の数々を披露してくれた。著書に『オーブンまかせでのっけて焼けばすぐごはん』(学研プラス)、『サルボ恭子のスープ』(東京書籍)、『夜9時からの 飲める ちょいメシ』(家の光協会)、『いちばんやさしいシンプルフレンチ』(世界文化社)など。

http://www.kyokosalbot.com/
Instagram @kyokosalbot

撮影　邑口京一郎
ブックデザイン　茂木隆行
スタイリング　池水陽子
編集　飯村いずみ
校正　ヴェリタ
プリンティングディレクション　山内 明(大日本印刷)

やりくり上手なフランス流は自慢のひと皿＋かんたん2皿の3皿で
おもてなしは一品豪華主義でいい

2019年11月21日　発　行　　　　　　　　NDC596

著　者	サルボ恭子
発行者	小川雄一
発行所	株式会社 誠文堂新光社
	〒113-0033 東京都文京区本郷 3-3-11
	[編集] 電話 03-5800-3614
	[販売] 電話 03-5800-5780
	https://www.seibundo-shinkosha.net/
印刷・製本	大日本印刷 株式会社

© 2019, Kyoko Salbot Printed in Japan
検印省略
禁・無断転載
落丁・乱丁本はお取り替え致します。

本書のコピー、スキャン、デジタル化等の無断複製は、著作権法上での例外を除き、禁じられています。本書を代行業者等の第三者に依頼してスキャンやデジタル化することは、たとえ個人や家庭内での利用であっても著作権法上認められません。

本書に掲載された記事の著作権は著者に帰属します。これらを無断で使用し、展示・販売・レンタル・講習会などを行うことを禁じます。

JCOPY 〈(一社)出版者著作権管理機構 委託出版物〉
本書を無断で複製複写(コピー)することは、著作権法上での例外を除き、禁じられています。本書をコピーされる場合は、そのつど事前に、(一社)出版者著作権管理機構(電話 03-5244-5088／FAX 03-5244-5089／e-mail:info@jcopy.or.jp)の許諾を得てください。

ISBN978-4-416-71929-9